La guía de buena salud®

PARA ENTENDER LA DEPRESIÓN Y DISFRUTAR LA VIDA

JANE L. DELGADO, PHD, MS

Buena
Salud
Press

Este libro fue publicado en los Estados Unidos de Norteameríca.
Primera edición
ISBN: 978-0-9979954-4-2 (español)
1 2 3 4 5 6 7 8 9 10

ISBN: 978-0-9979954-2-8 (inglés)
1 2 3 4 5 6 7 8 9 10

Library of Congress Control Number: 2020942175

Todos los ingresos de este libro serán donados a la Healthy Americas Foundation (Fundación para la Salud de las Américas).

CONTENIDO

PRÓLOGO

Durante los últimos cuarenta años he trabajado para alcanzar a todas las comunidades con el mensaje que la salud mental y el bienestar mental necesitan nuestra atención nacional y que las enfermedades mentales pueden ser tratadas y manejadas. En su libro, La guía de *buena salud*® para entender la depresión y disfrutar la vida, la Dra. Jane Delgado nos inspira con las historias de hombres y mujeres que han experimentado la depresión, proporciona consejos que podemos usar para tratarla y manejarla, y nos desafía a terminar el estigma asociado con este serio trastorno.

Esto me frustra — y motiva — saber que el obstáculo principal al tratamiento todavía es el estigma, algo que otros defensores y yo hemos trabajado durante décadas para vencer. Demasiado a menudo el estigma viene de la deformación que vemos en los medios de comunicación sobre la depresión y otras enfermedades mentales. Necesitamos voces de compasión como la de la Dra. Delgado que proporcionan la información exacta y práctica como el contenido de esta valiosa guía.

He oído de personas de todo el país todo lo que han hecho

para recuperarse de su depresión. Pero, lamentablemente, muchos inicialmente eran reacios a buscar ayuda. Algunos no sabían que había ayuda disponible, y otros se sentían incómodos buscándola, incluso cuando esta era accesible. Si usted o un ser querido está deprimido, por favor obtenga la ayuda que necesita. La Línea Nacional de Ayuda de Salud para la Familia Hispana en el 1-866-SU-FAMILIA (1-866-783-2645), está disponible en español e inglés, es solo uno de los muchos recursos maravillosos y confiables que la Dra. Delgado recomienda para identificar servicios de salud mental gratuitos o de bajo costo donde vive.

Basándose en su experiencia como clínica y defensora de la salud, la Dra. Delgado proporciona una guía concisa de lo que necesita saber sobre la depresión en sus muchas formas y responde a las preguntas más comunes que los hispanos hacen sobre la depresión. Ella le da al lector las mejores fuentes de información en línea, una guía para seleccionar a un profesional de salud mental, y los avances más recientes en telesalud.

Estoy orgullosa de haber trabajado en asociación con la Dra. Delgado, una de las líderes de salud más confiables de esta nación, desde mi época como Primera Dama y luego como parte del Programa de Salud Mental del Centro Carter. Aplaudo su trabajo en: "La guía de *buena salud*® para entender la depresión y disfrutar la vida" y estoy segura de que los lectores encontrarán esperanza y un camino para la recuperación y el bienestar.

Rosalynn Carter
Ex Primera Dama y fundadora del Programa de Salud Mental del Centro Carter

INTRODUCCIÓN

Todos los libros de la serie *Buena Salud®* fueron escritos con la intención de brindarle la información más actualizada, libre de comerciales y confiable. Al igual que con todos los libros de esta serie, mi intención es actualizarlos cada vez que se hagan avances significativos en nuestra comprensión de cada condición. La urgencia de actualizar este libro fue diferente: fue impulsado por el impacto del COVID-19 tanto durante como después de la crisis.

Durante la crisis inicial, algunos afortunados pudieron trabajar desde casa y estaban felices de hacerlo; otros experimentaron mayores preocupaciones financieras y ansiedad, ya que habían perdido su única fuente de ingresos. Algunos sufrieron la pérdida de oportunidades que nunca podrán ser reemplazadas, tales como presenciar el nacimiento de un niño, lograr su sueño de una pequeña empresa o expandir su carrera. Además, innumerables muertes no pudieron ser lloradas a través de rituales funerarios, que a menudo proporcionan cierto consuelo a los sobrevivientes. Nuestra tristeza era palpable, como una fina niebla que nubló nuestra visión. Una persona tenía que ser consciente de sus sentimientos para no ser abrumado y entrar en la espiral en su primera depresión mayor. Aquellos que conocían bien la depresión tuvieron que tomar medidas cautelosas para evitar quedarse resbalando en sus garras. Esta fue una tarea difícil para todos. El mandato de quedarse en casa no siempre fue bienvenido. Algunos estaban felices de no viajar diariamente y dieron la bienvenida a la libertad de trabajar desde casa. Para otros, este mandato resaltó el hecho de que el hogar no era un lugar para estar durante períodos prolongados: para ellos, su hogar servía como un lugar para dormir, pero no para vivir. Quedarse en casa llevó otros temas a la vanguardia.

Decir: "el hogar es donde está el corazón", resultó ser un cliché de otro tiempo. El hogar no siempre fue el lugar más feliz o de mayor protección. El hogar no era un lugar seguro para todos, ya que la tasa de la mayoría de los delitos disminuyó, a diferencia de la notable excepción de la violencia doméstica. Las llamadas de ayuda aumentaron durante la cuarentena, ya que numerosas personas se encontraron encerradas dentro con una pareja enojada y potencialmente violenta. Para ellos, este fue un momento increíblemente complicado.

Las nuevas relaciones que ya habían sido tenues se vinieron abajo como resultado de una amplia separación y distancia obligatoria, mientras que las relaciones más antiguas, que habían prosperado en cada persona que tenía su propio espacio individual, sufrieron como resultado de su unión forzada las 24/7. Además, las instituciones religiosas que proporcionaron alimento espiritual para las personas fueron cerradas.

En la Alianza, hicimos lo que pudimos para apoyar a tanta

gente como fue posible. La línea de ayuda de Su Familia estaba disponible para las personas, y proporcionamos información sobre qué hacer para protegernos a nosotros mismos y a nuestros seres queridos. Pero estábamos preocupados por lo que pasaría después.

La vida había cambiado en muchas dimensiones.

Tanto nuestros sentidos colectivos como los individuales de cómo trabajamos habían experimentado un cambio importante. Estaba claro que la capacidad de trabajar desde casa era ahora factible para aproximadamente un tercio de todos los trabajadores. Los empleadores se dieron cuenta de que tener a la gente trabajando desde casa no perjudicaría sus resultados finales, y en algunos casos, en realidad, les ayudaría a ahorrar dinero. Las personas que habían estado trabajando hacia una carrera vieron cómo su industria se destrozaba, ya que muchas personas, obligadas a quedarse en casa, ya no podían volver a su trabajo porque ya no existía. Otros, que habían defendido su independencia por ser autónomos en la primera línea de la economía del gig, encontraron que sus gigs habían desaparecido. Una encuesta realizada durante el COVID-19 informó que los síntomas depresivos no sólo eran altos, sino que más del 25% de la muestra reportó síntomas de ansiedad de moderados a graves.[1] Para la mayoría de las personas, especialmente los trabajadores esenciales, trabajar desde casa no era una opción. Fue evidente que el período inmediato posterior a la cuarentena era sólo el comienzo de lo que sería un proceso continuo de ajustes.

Los sentimientos que la gente sigue experimentando son muy reales: aprensión, temor, inestabilidad, soledad y desesperación. Esto no es sorprendente. Las investigaciones sobre las secuelas de desastres naturales o causados por el hombre documentan impactos negativos a largo plazo en el estado mental de una persona.[2] Ya sea el 11-S, el huracán María, el derrame de petróleo de Deepwater Horizon o algún otro evento catastrófico, cada uno cambió drásticamente a los que se vieron afectados. Estos eventos hicieron que innumerables personas de repente se sintieran indefensas, aumentando su vulnerabilidad a sus propios desafíos psicológicos.

El COVID-19 hizo algo más que impactar a cada uno de nosotros: cambió nuestro país y el mundo. Las pandemias llevan a la vanguardia nuestra conexión a nivel mundial. Las personas que habían tenido, en el mejor de los casos, un interés limitado en los asuntos exteriores, observaban de cerca la trayectoria de la enfermedad, la muerte y la recuperación mientras el virus viajaba de un país a otro. Nos comparamos con otros países con los que no se habían hecho otras comparaciones previas. Nos sentimos tanto con el mundo como con un fuerte deseo de permanecer en casa. Esto era más obvio en nuestra repentina falta de voluntad para volar en aviones o viajar a lugares exóticos. Estas actividades comunes anteriores disminuyeron o desaparecieron rápidamente por completo. La forma en que la gente pensaba en los viajes al extranjero ya no era lo mismo. La capa de seguridad, junto con la creencia de que uno sería capaz de regresar fácilmente a casa, se rompió. Un hombre mencionó que, antes del brote del COVID-19, había sido ridiculizado por limitar su viaje a lugares donde, si algo malo sucedía, sería capaz de caminar a casa... incluso si tuviera que caminar miles de kilómetros.

Después de la pandemia, pocos se burlaban de él, y se sintió reivindicado por estrechar su viaje de esa manera.

También teníamos el imperativo de la salud para participar en el distanciamiento social. Esta práctica esencial es lo opuesto a nuestra necesidad humana de intimidad, cercanía y tacto. Hace décadas, la investigación de Harry Harlow con macacos infantes rhesus proporcionó evidencia convincente de que los bebés necesitan amor y consuelo; ahora sabemos que esa necesidad es verdadera para los seres humanos a lo largo de sus vidas. El impulso biológico para el contacto social es motivado por las sustancias químicas en nuestro cerebro.[3] No es de extrañar que haya mucha evidencia de que la soledad y los sentimientos de aislamiento también pueden ser mortales. Seguimos preocupados por el impacto a largo plazo en todos nosotros en la forma en que interactuamos entre sí. La ansiedad y la tristeza siguen prevaleciendo a medida que intentamos averiguar la mejor manera de funcionar en este nuevo entorno. La vida hubo cambiado rápidamente, y aunque hubo muchas interrupciones, había algunos caminos nuevos que pudimos tomar.

Dado que las mismas viejas formas de hacer las cosas ya no eran posibles, tuvimos que recalibrar nuestras expectativas y nuestros propios comportamientos. De repente, fuimos testigos de una aceptación generalizada de la telesalud, desde la cobertura de las compañías de seguros, que anteriormente habían sido reacias a cubrir dichas visitas, hasta los proveedores de atención médica y sus prácticas que abarcan las visitas sanitarias virtuales que habían menospreciado anteriormente.

Los proveedores de salud mental tenían que encontrar una manera de combinar la flexibilidad y las oportunidades que brinda la terapia virtual con un plan de tratamiento que se basaba en la construcción de una alianza terapéutica, así como para mejorar y curar la conexión de las personas con los demás. Fue necesario reconstruir significativamente las prácticas psicológicas para mejorar la salud mental de las personas y las comunidades.

Hubo numerosos héroes que se acercaron a la ocasión, desde proveedores de atención médica hasta personas que tomaron el transporte público para llegar a un trabajo esencial que nunca habían considerado esencial antes de la pandemia. Algunas personas estuvieron bien durante toda la crisis, una persona me escribió y me dijo: "Este tiempo tranquilo fue una bendición". Sin embargo, esa no fue la experiencia de todos. No estábamos todos juntos en esto, y algunos sufrieron mucho más que otros. También hubo personas que lidiaron con cierto grado de depresión antes, durante y después de la crisis. Este libro se actualiza para ellos: Quiero proporcionarles herramientas que han sido modificadas para abordar nuestra nueva forma de vida.

La primera edición de este libro fue sobre la superación de la depresión. Si bien la palabra "superación" puede hacer que suene como un objetivo positivo, puede que no sea posible para todos. De hecho, establecer la "superación" de la depresión como el objetivo puede ser poco realista y en realidad puede hacer que una persona se sienta más deprimida si siente que va por el mismo camino que está tratando de evitar. Hay una gran variedad de síntomas incluidos cuando alguien dice, "Estoy deprimido", y debemos entender lo que significa cuando decimos estas palabras o las dice alguien que conocemos.

Ciertamente, no hay un solo evento o factor conocido que siempre produzca la misma sensación en cada persona. La muerte, el divorcio o la pérdida pueden tener un impacto importante en una persona y, sin embargo, tienen poco o ningún efecto en otra. Una persona puede sufrir una pérdida importante y estar triste durante mucho tiempo, mientras que otra persona que experimenta el mismo tipo de pérdida puede usarlo como motivación para empujarse hacia una nueva trayectoria. Además, la palabra "depresión" en nuestra conversación diaria tiene un significado diferente para cada persona. Cuando alguien es diagnosticado con depresión clínica o sus formas más persistentes, requiere comprensión, conocimiento y acción concreta. Hay una amplia gama de opciones para lo que una persona puede y debe hacer para manejar su depresión.

La mayoría de nosotros tenemos que aceptar que nuestros sentimientos son reales y no descartarlos. Al mismo tiempo, tenemos que deshacer mitos que nos inmovilizan o nos hacen daño. Los pensamientos y sentimientos pueden hacer que una persona se sienta mal e impedir el goce de ciertas actividades que se disfrutaron anteriormente. Si bien todos estamos familiarizados con tener sentimientos no tan buenos, demasiados de nosotros tendemos a creer que, en todos los casos, deberíamos ser capaces de hacer que esos sentimientos desaparezcan. A menudo creemos que deberíamos ser capaces de sacudirlo y seguir adelante. Y aunque esto puede ser cierto en algunos casos, algunos pueden necesitar ayuda adicional para recuperar la capacidad de disfrutar de la vida.

Pero las formas en que sentimos y experimentamos la vida

también se ven muy afectadas por cómo funcionan nuestros cerebros, microbiomas y cuerpos. La base biológica de la depresión no es una excusa para el mal comportamiento; en cambio, es una manera de entender que la química en nuestro intestino y cerebro están conectados a lo que sentimos y experimentamos. Hasta ahora no hay una prueba genética, un análisis de sangre o un escáner cerebral que pueda decirnos definitivamente que alguien está o está en riesgo de deprimirse, ni hay una manera de predecir cuál es la mejor intervención. Todos pasamos por sentirnos tristes o deprimidos en algún momento de la vida, algunos de nosotros más a menudo que otros. La tristeza es una reacción natural a situaciones que causan dolor o son perturbadoras. La depresión es diferente de la tristeza. Si usted es el que está deprimido, entonces usted necesita saber que no hay razón para que pase su vida siendo ansioso o miserable. Del mismo modo, si alguien cercano a usted está deprimido, hay pasos que puede tomar para apoyarlos mejor para buscar ayuda sin agotar sus propias reservas emocionales y físicas en el proceso.

La depresión no es una forma de vida ni algo que sólo tiene que soportarse. Hay mucho que se puede hacer para llegar a un lugar mejor. Demasiadas personas han soportado la depresión en lugar de alejarse de ella. Ninguno de nosotros debe pasar nuestras vidas sufriendo, y es por eso que este libro es tan importante. La vida puede mejorar mucho si tomamos las medidas que debemos tomar y buscamos tratamiento para la depresión.

Es increíble que la gente siga siendo reacia a buscar ayuda. Es cierto que más celebridades están hablando de lidiar con problemas de salud mental, como J. Balvin, Selena Gomez, Michael Phelps, y muchos más. Para la mayoría de las personas, sin embargo, buscar ayuda sigue siendo difícil por muchas razones. Algunos tienen preocupaciones acerca de cómo otros los percibirán. Otros no buscan ayuda debido a su propia incomodidad con sus pensamientos y sentimientos. Y muchos todavía tienen conceptos erróneos sobre tratamientos, terapias y medicamentos. Además, es posible que muchas personas no sepan qué herramientas y recursos necesitan y a los cuales pueden acceder.

Este libro aborda estos temas de varias maneras concretas. El primer objetivo es asegurarse de que está claro lo que significa la depresión. Si bien usamos la palabra en nuestras conversaciones diarias, puede tener diferentes implicaciones dependiendo de cómo se presente. Tanto los factores biológicos como los factores ambientales desempeñan un papel crítico en la depresión. Esta es la razón por la que es esencial comprender la influencia de sus genes, su cerebro y el equilibrio de hormonas y microbios. Del mismo modo, sus sentimientos, emociones y autoestima son poderosas palancas para controlar la depresión. Todos estos factores pueden contribuir a la depresión. Sin duda es una condición que tiene un impacto en el cuerpo, la mente y el espíritu.

El segundo objetivo es presentar claramente opciones para que usted las considere. Puede tomar muchas acciones por su cuenta, y es posible que ya conozca la mayoría de ellas. Pero saber y hacer son muy diferentes. Este libro incluye y explica tres simples auto-declaraciones para animarlo a lo largo de su camino hacia una vida más saludable y hacer que sea más fácil para usted manejar la depresión. Una vez que incorpore estas declaraciones a su vida, estará en un lugar mejor.

Cuando parece que no puede hacerlo por su cuenta, necesita buscar ayuda. Obtener ayuda es un paso importante, y para ayudarle, este libro incluye una descripción de diferentes tipos de profesionales de la salud mental. También hay muchas opciones de tratamiento. Encontrará mucha información sobre el tratamiento en los medios de comunicación (es decir, en las redes sociales, anuncios, periódicos, revistas, radio, televisión e Internet), pero gran parte de ella está diseñada para que compre un producto o servicio, y muchos son clickbait que, en el mejor de los casos, son alarmantes en lugar de informativos. En este libro, he seleccionado los hechos sobre algunos de los temas más vanguardistas relacionados con el tratamiento de la depresión, incluida la fototerapia, al tiempo que le proporciono los últimos hallazgos sobre áreas en las que todavía tenemos preguntas sin respuesta, como la terapia de estimulación cerebral. Trabajar con un profesional de salud mental le ayudará a ordenar las opciones que son mejores para usted.

La última parte de este libro proporciona recursos clave: sitios web no comerciales, líneas de ayuda para crisis, descripciones de los diferentes tipos de profesionales de la salud mental, sugerencias sobre cómo seleccionar un proveedor de salud mental y recursos de telesalud.

La información de este libro se proporciona con la intención de mejorar la vida de todos - aquellos con depresión, aquellos a quienes amamos que sufren depresión y aquellos de nosotros que tenemos que abordar las consecuencias de la depresión no tratada. Una vez que entienda que hay opciones para la depresión, puede tomar las medidas necesarias que necesita para manejarla. Recuerde que si aplica las lecciones aprendidas por otras personas y compartidas en este libro, así como los hallazgos de la ciencia que se presentan aquí, podrá comprender más plenamente la depresión y, en consecuencia, mejorar su vida.

No hay razón para sufrir en silencio. Haga lo que pueda por su cuenta y busque apoyo profesional según sea necesario. Tenga por seguro de que con el tiempo, se pondrá mejor.

ENTENDIENDO LA DEPRESIÓN

S i no se sintiera bien físicamente, tal vez tomaría su temperatura. Si su temperatura fuera de 99°F probablemente tomaría un conjunto de acciones. Si fueran 103°F, probablemente optaría por un tratamiento más agresivo y tomaría algunos medicamentos de venta libre que tuviera en casa. Si después de tres días aún continuara con una temperatura alta, probablemente vería a un proveedor de atención médica, contactaría con sus fuentes habituales para recibir consejos de atención médica y tomaría más medidas para la recuperación.

¿Qué hace cuando está triste? ¿Qué les dice a los demás que hagan? ¿Qué hace si la tristeza se extiende de días a semanas?

Con demasiada frecuencia, respondemos de la misma manera: lo ignoramos, lo ocultamos y no hacemos nada.

Sufrimos nuestra tristeza y miseria porque en algún nivel fundamental, creemos que estar triste es parte de la vida. Y si bien eso es cierto, los momentos tristes no deben ser una parte constante de la vida. Es esencial entender la distinción entre simplemente "sentirse triste" y estar tan triste que eso le impida participar en las actividades que normalmente hace y disfruta.

Ya sea que estén tristes por un día o dos semanas, la mayoría de las personas generalmente tratan de cuidar de ello por sí mismos. La suposición tácita es que todo está "en su cabeza" y "no hay nada realmente malo con usted", así que debería tener que superarlo.

Pero algo que está en su cabeza es muy real y puede tener consecuencias a largo plazo que comprometan su bienestar. Necesita entender y abordar lo que está pasando en su cabeza para que pueda resolver lo que está causando su malestar. Desafortunadamente, con respecto a la salud mental, todavía hay una considerable renuencia a reconocer que alguien tiene una condición real que debe ser atendida.

MENSAJES CULTURALES

La cultura dominante de nuestra sociedad celebra el escabroso individualismo y nos dice que las personas necesitan ser estoicas. Para los hispanos, estos valores se amplifican por los vestigios sofocantes del *aguantando* o *machismo*. Estas palabras representan el mensaje cultural que hay que respetar, hay que aceptar todo lo que está sucediendo en su vida, incluso si es negativo. Nos comunicamos estas ideas entre sí de muchas maneras, a través de todas las edades y géneros.

Las latinas todavía se socializan para *aguantar* (perseverar) y no discuten las penas que están teniendo o revelan si están abatidas. La respuesta esperada es simplemente manejar las cosas, no quejarse, y simplemente seguir adelante. Si está embarazada, se supone que debe ser feliz. Si no es feliz, entonces tiene que estar callada al respecto y simplemente volver a hacer su trabajo. Rara vez escuchamos o admitimos la depresión entre las mujeres durante y después del embarazo (depresión perinatal y postparto). *Aguantar* significa que, incluso si está sufriendo, no lo admite y definitivamente no busca ayuda profesional.

Otros resuenan en las hebras del machismo o el marianismo, que eran normas culturales en el pasado. Estas normas eran algo beneficiosas, ya que hacían que las personas se sintieran responsables de cuidar de los demás. Sin embargo, también contribuyeron a la carga de que siempre se tenía que parecer fuerte y poderoso y nunca se podían mostrar sentimientos de tristeza, ya que eso sería un signo de debilidad. Esto fue confirmado en un estudio de 2016 de 4426 personas de 18 a 74 años que se identificaron como hispanos de origen centroamericano, cubano, dominicano, mexicano, puertorriqueño o sudamericano. Los resultados revelaron que independientemente de su origen hispano y sexualidad, los componentes específicos del machismo (machismo tradicional) y el marianismo (pilar familiar y espiritual) se asociaron con niveles más altos de emociones negativas, incluso después de tener en cuenta los ingresos y la educación.[4]

Las personas se sentían devaluadas si hablaban de sus

sentimientos y, para mantener el respeto de los demás, hacían lo que tenían que hacer para bloquear los sentimientos asociados con la depresión. Para algunos, el uso de alcohol u otras sustancias —legales o de otro tipo— proporcionaba un método fácil para ocultar sus sentimientos, pero a largo plazo, este enfoque sólo creaba más problemas.[5]

Esta compleja combinación de valores culturales sigue suprimiendo los comportamientos de búsqueda de ayuda. Este efecto se ve agravado por el legado del estigma asociado con la búsqueda de servicios de salud mental. El estigma disminuye el deseo de las personas de hablar con familiares y amigos sobre problemas de salud mental. También hace que sea difícil para las personas que están en tratamiento que tomen sus medicamentos antidepresivos.

El estigma siempre ha sido una enorme barrera para la salud mental, y aunque su fuerza ha disminuido un poco en los últimos años, su impacto sigue presente y es palpable. Los hispanos con síntomas depresivos leves, moderados o graves fueron el grupo menos propenso a haber visto a un profesional de salud mental en comparación con afro-americanos no hispanos o blancos no hispanos con el mismo nivel de síntomas.[6]

Pero esto está cambiando lentamente, ya que la mayoría de las personas, especialmente las generaciones más jóvenes, son menos propensas a ser retenidas por ese estigma. Por ejemplo, ahora es común que las celebridades hablen con el público sobre cómo lidian con sus problemas de salud mental. Esto es especialmente significativo ya que la depresión ha tocado muchas de nuestras vidas: todos conocemos a alguien que está deprimido o ha tenido que cuidar a alguien con depresión.

Algunos conocemos a alguien que se suicidó. Al escuchar las experiencias de los demás, nos volvemos más abiertos a hablar sobre nuestros problemas y a buscar ayuda.

HABLAR SOBRE DEPRESIÓN

Para la mayoría de las personas, el término depresión recoge dentro de él una amplia gama de experiencias de estar triste o afligido o incluso tener un mal día. En algunos casos, sin embargo, la tristeza se considera típica y esperada. Por ejemplo, cuando se sufre una pérdida, se espera que sienta tristeza. De hecho, sería motivo de preocupación si no se sintiera triste. Si un ser querido muriera y no estuviera triste, se le consideraría insensible, desalmado o incluso raro. Pero la depresión es diferente a estar triste. Es un sentimiento que está más allá del dolor y dura significativamente más tiempo (más sobre esto más adelante). Pero ¿cómo lo mide? El desafío en la salud mental es el de la medida: ¿cómo saber lo que otra persona está experimentando?

Para la mayoría de los problemas de salud física, obtener una respuesta es sencillo e implica alguna prueba o medición objetiva. Cuando le diagnostican presión arterial alta o diabetes, es porque las lecturas que tomó su proveedor de atención médica fueron demasiado altas. Según esos resultados de las pruebas, su médico le dará medicamentos para tomar, le recomendará cambios para hacer en su estilo de vida y le pedirá que controle su nivel de azúcar en sangre o presión arterial regularmente.

Para la depresión, no hay una sola prueba o medida objetiva para determinar cuándo una persona está deprimida o incluso medir la intensidad de su depresión. Tratar de determinar si alguien la tiene es aún más complicado porque la comunicación es el núcleo de la capacidad que se tiene para hacer un diagnóstico preciso. Hay preguntas que se pueden hacer y pruebas escritas que se pueden dar, pero para producir un diagnóstico preciso, la persona debe ser capaz de entender las preguntas planteadas por el proveedor de atención de salud mental, responder honestamente a estas preguntas, y sentirse cómodo al hacerlo. Cuando una persona está deprimida, se vuelve aún más difícil para él o ella encontrar las palabras para articular su experiencia. En circunstancias difíciles, puede ser increíblemente difícil expresarnos y explicar con precisión nuestros sentimientos. Este es otro factor que hace que la detección de la depresión sea difícil.

Para los hispanos, el diagnóstico es aún más intrincado porque las cuestiones del lenguaje y la cultura están entrelazadas con la forma en que describimos las emociones que sentimos. Las palabras que usamos para describir nuestra desesperación a menudo se silencian cuando intentamos traducir lo que experimentamos al inglés. La escasez de profesionales de la salud mental bilingües y biculturales se suma a este problema.

Recibir una evaluación precisa se complica aún más por el hecho de que las pruebas que se utilizan no siempre han sido validadas en diversas comunidades. Además, los síntomas que forman parte de la depresión, como dolores generalizados, dolores de cabeza, problemas estomacales y similares pueden confundirse con dolencias físicas, cuando en realidad el problema es que la persona está exhibiendo signos de depresión.

SISTEMA DE CLASIFICACIÓN

Desarrollar una manera consistente de proporcionar un diagnóstico significativo es difícil incluso para los expertos, muchos de los cuales han estado trabajando en este tema durante décadas. Los conceptos de enfermedad mental, bienestar mental y salud mental se debaten ávidamente. Por ejemplo, en la psicología positiva, la salud mental no es sólo la ausencia de enfermedad mental, sino también la presencia de emociones y rasgos personales positivos. En 2004, el Dr. Christopher Peterson y el Dr. Martin Seligman dieron un paso importante en la creación de un sistema de clasificación para cualidades de carácter y virtudes que son esenciales para el bienestar mental.[7]

Sin embargo, en los Estados Unidos, confiamos en el Manual Diagnóstico y Estadístico de los Trastornos Mentales (DSM por sus siglas en inglés) para ayudarnos a diagnosticar enfermedades mentales. Desde su lanzamiento en 1952, el DSM se ha actualizado varias veces. Estas versiones revisadas incluyen DSM-II (1968), DSM-III (1987), DMS-III-R (1987), DSM-IV (1994), DSM-IV-TR (2000) y DSM-5 (2013).

El DSM se actualiza para incorporar lo último en ciencia y tratamientos. Los contextos culturales y sociales añaden aún más dimensiones al desarrollo de criterios de diagnóstico. Estas actualizaciones han implicado docenas de comités y cientos de profesionales. Los cambios y transformaciones del DSM se debaten intensamente e implican no sólo la inclusión de nuevas categorías y marcos, sino también la eliminación de categorías obsoletas.

El DSM-5 dejó claro que la depresión y un trastorno bipolar (anteriormente enfermedad maníaca-depresiva o depresión maníaca) son diferentes. Mientras que ambos son trastornos del estado de ánimo (afectivos), son distintos entre sí. Alguien que tiene un trastorno bipolar puede tener episodios de tristeza, pero eso no es lo que define un trastorno bipolar. Los trastornos bipolares ahora están en su propia categoría como un trastorno del estado de ánimo que causa cambios inusuales en los efectos de una persona, niveles de energía, niveles de actividad, capacidad de concentración, y la capacidad de llevar a cabo tareas diarias. El DMS-5 también añadió dos trastornos depresivos: trastorno de desregulación del estado de ánimo disruptivo (diagnosticado en niños y adolescentes) y trastorno disfórico premenstrual (TDPM).[8]

Mientras que los profesionales de la salud mental en los Estados Unidos utilizan el DSM (que es propiedad de la Asociación Americana de Psiquiatría y minoristas por $210), el resto del mundo utiliza la Clasificación Internacional de Enfermedades (CIE o ICD por sus siglas en inglés) publicada por la Organización Mundial de la Salud (sin cargo). La CIE "es la base para la identificación de tendencias y estadísticas sanitarias a nivel mundial, y el estándar internacional para la notificación de enfermedades y condiciones de salud. Es el estándar de clasificación diagnóstica para todos los fines clínicos y de investigación. La CIE define el universo de enfermedades, trastornos, lesiones y otras condiciones de salud relacionadas, enumeradas de manera integral y jerárquica".[9] Al igual que el DSM, la CIE, también se actualiza periódicamente.

Dado el uso global y el acceso a la CIE, el DSM-5 fue

diseñado para ser prácticamente idéntico al CIE-10 (publicado en 1990). En los EE.UU. seguimos utilizando el DSM-5 a pesar de que la ICD-11 se publicó en 2018.

Las 11 amplias categorías de trastornos mentales y conductuales enumeradas en el DSM-5 son:

1. Debido a condiciones fisiológicas u orgánicas conocidas
2. Debido al consumo de sustancias psicoactivas
3. Esquizofrenia, esquizotípia, delirio y otros trastornos psicóticos que no son del humor
4. Trastornos del estado de ánimo [afectivos]
5. Ansiedad, disociativos, relacionados con el estrés, somatoforme y otros trastornos mentales no psicóticos
6. Síndromes conductuales asociados con alteraciones fisiológicas y factores físicos
7. Trastornos de la personalidad y del comportamiento de los adultos
8. Discapacidades intelectuales
9. Trastornos generalizados y específicos del desarrollo
10. Trastornos conductuales y emocionales con inicio en la infancia y la adolescencia
11. Trastorno mental no especificado

Todo esto puede sonar como un ejercicio de semántica, pero sus ramificaciones son cruciales porque el diagnóstico que se da se utiliza para determinar las opciones de tratamiento más eficaces para la persona.

La depresión está incluida en la categoría de trastornos del estado de ánimo (afectivos). El DSM-5 detalla los diferentes tipos de depresión y proporciona pautas importantes de cómo distinguir entre el duelo normal y la depresión mayor.

DUELO (LUTO) Y DEPRESIÓN MAYOR

Recuerdo cómo me sentí cuando murió mi madre. Era tan joven, sólo tenía 67 años, y todavía la necesitaba mucho. Mi primer sentimiento después de su muerte fue de dolor insoportable en mi mandíbula. No sabía de dónde venía eso y fui a ver a mi internista. Me dijo que la razón por la que me dolía tanto la mandíbula era porque, con toda probabilidad, durante días me había estado bloqueando la mandíbula. Me preguntó si estaba bien y le dije que sí. Tuve que tomar tantas decisiones en las últimas 72 horas para tratar de mantener viva a mamá. Fue más estresante para mí de lo que había imaginado. Y entonces ella estaba muerta.

Después de su muerte, no pude dormir por la noche y, para mi sorpresa, sin intentarlo perdí 10 libras en tres semanas. No podía comer. La idea de la comida era demasiado para soportar y cuando traté de comer no podía tragar; la comida parecía quedar atascada en mi garganta. No quería oír música porque agitaba mis emociones y no podía tolerar eso. Incluso mirar la ropa de mi color favorito, el rojo, parecía demasiada estimulación para mis sentidos. Mis suéteres rojos me parecieron chillar cuando los vi. Era demasiado intenso para mirarlos, así que los doblé y los dejé a un lado.

Fue en ese momento que reconocí que tenía síntomas de depresión y decidí que debía ver a un profesional de salud mental.

Cuando alguien ha sufrido una pérdida, a veces puede parecer que está experimentando un episodio depresivo mayor. Es difícil distinguir entre el dolor normal y el punto en el que el dolor ha evolucionado hasta convertirse en una depresión mayor. En el pasado, se pidió a los profesionales de la salud mental que tuvieran en cuenta lo que se llamaba la exclusión del duelo. Esto significaba que una persona no debe ser diagnosticada con depresión si ha experimentado una pérdida en los últimos dos meses. Para muchos profesionales, la exclusión de dos meses parecía demasiado corta y causó un considerable debate.

En última instancia, el DSM-5 abandonó la exclusión del duelo, reconociendo que el duelo podría durar más de dos meses. Además, la eliminación de la exclusión también reconoció que, si bien el duelo y la depresión mayor no eran los mismos, el duelo podría conducir a una depresión mayor.

Con el fin de proporcionar más aclaraciones, el DSM-5 describió las diferencias entre el duelo (luto) y la depresión mayor. Esto fue especialmente difícil, ya que el duelo y la depresión mayor comparten muchas características que pueden parecer iguales en la superficie, pero que son muy diferentes. El DSM-5 explica sistemáticamente el duelo y la depresión mayor en términos de los sentimientos principales que tiene una persona, su sentido de tristeza, sentimientos de dolor, sus pensamientos, su sentido de autoestima y pensamientos suicidas. Las diferencias están en los detalles específicos.

Por todas las condolencias que recibí cuando mi madre murió la más extraña que recibí fue de Sylvia. Ella me dijo: "Mi madre murió hace 15 años y nunca lo superé. Usted nunca lo superará tampoco". En ese momento pensé que era una cosa horrible de decir. Cuando había pasado un año y no había "superado", pensé en lo que Sylvia dijo. Son décadas más tarde y todavía me entristezco cuando pienso en mamá, pero también escucho su risa y todavía siento su amor. Las palabras de Sylvia resultaron ser las más útiles.

La persona afligida siente una sensación de vacío con dolores u olas de dolor asociadas con pensamientos o recordatorios de la persona que han perdido. Si bien pueden sentirse adoloridos por estos pensamientos, también estarán acompañados de sentimientos positivos. Es típico que la persona esté preocupada por los recuerdos del difunto. Si bien la persona afligida puede sentir que falló al difunto de alguna manera, las personas que están de luto generalmente todavía se sienten bien consigo mismas. En los casos en que experimentan pensamientos suicidas, se centran principalmente en unirse al difunto.

La persona que tiene un episodio depresivo mayor está persistentemente deprimida. Son infelices y miserables la mayor parte del tiempo. A menudo se sienten inútiles o se auto desprecian. Cuando experimentan pensamientos de suicidio, provienen de una imagen negativa de sí mismos o de ser incapaces de hacer frente a la depresión.

En el duelo y la depresión mayor, hay sentimientos profundos y dolorosos. Sin embargo, una persona que está de luto también tiene recuerdos felices y positivos. Por el contrario, la persona con depresión mayor no experimenta sentimientos positivos.

Si bien estas delineaciones fueron útiles, no tuvieron en cuenta las normas culturales y religiosas para el duelo. Para abordar estas preocupaciones, un comité de expertos de la Asociación Americana de Psiquiatría propuso en 2020 que se agregara "Trastorno de Duelo Prolongado" como un nuevo diagnóstico basado en la suposición de que 12 meses es un período de tiempo de duelo aceptable, y que ir más allá de esa cantidad de tiempo puede ser problemático. La clave de esta conceptualización es que (1) la perturbación causa angustia o deterioro clínicamente significativo en áreas sociales, ocupacionales u otras áreas importantes de funcionamiento y (2) la duración de la reacción de duelo excede claramente las normas sociales, culturales o religiosas esperadas para la cultura y el contexto del individuo.[10]

El contexto cultural para el duelo es esencial a tener en cuenta. Cada comunidad tiene sus propias maneras de lamentar una pérdida. Esto fue más evidente cuando las muertes por COVID-19 se dispararon por primera vez y no se permitieron funerales. Fuimos testigos de los grandes sufrimientos que experimentaron cuando no pudieron participar en las prácticas que les ayudarían a aliviarlos en un momento tan difícil. Para algunos, la depresión que experimentaron era inevitable.

Comprender la profundidad de la depresión de una persona y la importancia de seguir adelante también significa que no podemos dejarnos engañar por estereotipos en los medios de comunicación que retratan la depresión como algo que sólo se encuentra entre los blancos ricos y no hispanos. De hecho, los datos muestran que los hispanos, los afroamericanos y los asiático-americanos son más propensos a experimentar depresión que los blancos no hispanos. La depresión se encuentra en todas las comunidades y es tan común que cada año, una de cada 15 personas tiene un trastorno depresivo mayor. También es la segunda causa principal de años vividos con discapacidad en todo el mundo, aumentando más de 50% desde 1990.[11] La depresión es generalizada.

LA DEPRESIÓN TIENE MUCHOS ROSTROS

L a depresión es una condición que afecta su estado de ánimo, la mente y temperamento hasta tal punto que interfiere con su vida diaria. Abarca varios tipos de condiciones (ver descripciones siguientes) y, dependiendo de su gravedad, afectará su capacidad para manejar sus actividades diarias y disfrutar de su vida. Las formas en que se desarrolla la depresión varían de una persona a otra en función de su edad, biología, género, expectativas y valores culturales, experiencias de vida y eventos en la vida de esa persona que pueden haber desencadenado el episodio.

La depresión se puede encontrar en todas las comunidades, y puede ocurrir en cualquier momento de la vida de una persona. Las consecuencias de la depresión adolescente son algo que debería preocuparnos a todos. Cada año, más latinas que cualquier otro grupo de chicas intentan suicidarse. Esto debería ser inaceptable, pero esas cifras han permanecido iguales durante décadas.

En el otro extremo del espectro, algunos de nuestros hombres y mujeres mayores tienen todos los síntomas de la depresión, pero sus síntomas son ignorados. En cambio, su sufrimiento se atribuye a envejecer o confundirse. Si pasamos más tiempo con ellos, podríamos sorprendernos al descubrir que están solos, que nadie los está cuidando y que están, de hecho, clínicamente deprimidos. Tenemos mucho que aprender sobre la depresión en todos los rangos de edad.

Según la Organización Mundial de la Salud, hay 300 millones de personas en todo el mundo con depresión. A lo largo de las Américas, hay 48 millones de personas con depresión y casi 18 millones de ellas en los Estados Unidos.[12] El porcentaje de personas con síntomas depresivos moderados o graves en las últimas dos semanas varía según la edad, con la tasa más alta de 12.3% para las edades de 40 a 59 años. En todos los grupos de edad, las mujeres tienen tasas significativamente más altas que los hombres.[13] En 2014, se estimó que el 6,7% (15,7 millones) de adultos en los Estados Unidos tuvo al menos un episodio de depresión mayor en el último año.[14]

La depresión es una afección común. Como revelan estas estadísticas, muchas más personas describieron síntomas depresivos de lo que se esperaba. La buena noticia es que hay maneras en las que puede manejar su vida para reducir la probabilidad de que se deprima y, si le diagnostican depresión, aumente la probabilidad de mejorar con el tratamiento.

TIPOS DE DEPRESIÓN

Hay varios tipos de depresión que se encuentran en los adultos: estos incluyen depresión mayor, trastorno depresivo persistente, depresión perinatal, trastorno afectivo estacional, trastorno disfórico premenstrual, depresión psicótica y dificultad para tratar la depresión.[15]

Depresión mayor (o grave)

Cuando usted tiene una depresión mayor, sus relaciones con los demás, su vida familiar, su trabajo y las partes placenteras de su vida parecen detenerse. No puede hacer ni quiere hacer las cosas que normalmente disfrutaría. Si bien hay momentos como este en todas nuestras vidas, una diferencia importante en la depresión mayor es la cantidad de tiempo que estos síntomas duran. Usted puede estar deprimido si durante al menos dos semanas, pierde su capacidad para trabajar, dormir, estudiar, comer y disfrutar de la vida. Este no es un acontecimiento momentáneo, sino uno que está en curso, con sentimientos de tristeza presentes casi todos los días. En esta situación, las personas carecen de la energía y el deseo de avanzar en su vida. Para algunas personas, este tipo de depresión mayor puede ocurrir una vez en su vida (episodio único), mientras que para otros puede ocurrir en diferentes puntos de sus vidas (recurrente).

Trastorno depresivo persistente (también llamado distimia)

Anna y Edgar eran conocidos entre su familia y amigos como una pareja muy trabajadora. Siempre parecían estar trabajando. Anna estaba ocupada tratando de ayudar a la gente a aprender nuevas habilidades mientras Edgar trabajaba largas horas en su pequeña empresa. Su matrimonio de muchos años había crecido a partir de la amistad que los había unido. Y sin embargo, cuando Anna miró a Edgar vio a un hombre que parecía diferente del que se había casado; a veces incluso parecía notablemente ansioso. A lo largo de los años Anna sintió una creciente pesadez en sus vidas que no entendía. Por lo general, eran los momentos en los que Edgar se ponía ansioso y ni siquiera estaba interesado en ser sexualmente íntimo. Una noche, cuando estaban cenando, Edgar la miró y dijo repentinamente: "Estoy tan deprimido y he sido así toda mi vida". Anna se sorprendió y respondió: "¿Cómo pudo ser eso? Nunca te vi estar triste o llorando y hemos estado juntos por mucho tiempo". Y mientras las lágrimas se le acumulaban en los ojos, continuó mirando su plato y dijo: "No estás conmigo todo el día. He estado deprimido toda mi vida... ha sido así toda mi vida... Solo aprendí a ocultarlo".

En este caso, una persona tiene un estado de ánimo deprimido en la mayoría de los días y se ha sentido de esa manera durante al menos dos años. Aunque puede no ser tan grave como la depresión mayor, la distimia generalmente dura más tiempo. La distimia a veces es difícil de diagnosticar porque los síntomas que experimenta la persona no son tan incapacitantes como en un trastorno depresivo mayor. A veces, la persona es capaz de hacer algo de lo que tiene que hacer, a pesar de que sus sentimientos negativos persistan. Algunas personas con distimia también pueden tener episodios de depresión mayor a lo largo de su vida.

Depresión perinatal (Previamente depresión posparto)

Esta afección se presenta como mucho más grave que el "baby blues", que se refiere a síntomas depresivos y de ansiedad relativamente leves que normalmente desaparecen dentro de las dos semanas posteriores al parto. La depresión perinatal puede ocurrir durante el embarazo o después del parto. Los sentimientos de tristeza extrema, ansiedad y agotamiento hacen que sea difícil para las mujeres que experimentan este tipo de depresión continuar realizando sus tareas diarias. Las nuevas madres pueden ser incapaces de cuidar de sí mismas y/o de sus bebés.

En la comunidad hispana, donde las familias más grandes son más comunes y se celebra tener hijos, es particularmente difícil aceptar que hay un tipo de depresión que algunas mujeres experimentan durante el embarazo o poco después de dar a luz. Para algunos, la depresión perinatal es inimaginable debido a la creencia cultural de que estar embarazada y tener un bebé siempre trae gran felicidad. Pero esa es una creencia que no es cierta para el 10 a 15% de las mujeres que encuentran que el período perinatal es de otra manera.[16] Este es un momento complicado para algunas mujeres porque están experimentando muchos cambios en sus vidas. Estos incluyen todos los ajustes que deben hacerse debido a los cambios recientes de su cuerpo, así como las nuevas necesidades que se producen al agregar otro miembro a la familia. Al mismo tiempo, las hormonas en el cuerpo de la madre están pasando por grandes fluctuaciones.

Trastorno afectivo estacional (TAE o SAD por sus siglas en inglés)

Cuando Ileana me habló de su marido, sólo podía imaginar lo difícil que había sido su vida. Mientras que su familia y amigos los veían como la pareja perfecta, Ileana sabía que su vida era mucho más complicada de lo que parecía. Cada invierno, especialmente durante las fiestas de navidad, José se volvía malhumorado. A medida que avanzaban los días, esos estados de ánimo darían paso a una depresión que le haría imposible disfrutar de la vida que habían construido juntos. José se perdería en la niebla que parecía envolver su mente. Ileana se sintió indefensa al ver al hombre que amaba ahogarse en su depresión invernal una vez más.

El TAE se caracteriza por el inicio de la depresión durante los meses de invierno, cuando hay menos luz solar natural. Esta depresión generalmente se disipa durante la primavera y el verano. La depresión invernal regresa cada año en el trastorno afectivo estacional. Durante este tiempo, la persona querrá retirarse de las interacciones sociales y tendrá un mayor sueño y aumento de peso.

Las personas con trastorno afectivo estacional encuentran que a medida que la luz solar natural disminuye en el invierno, sus síntomas de depresión aumentan. Este es un trastorno en el que sabemos que la luz juega un papel crítico.

Trastorno disfórico premenstrual (TDPM)

Esta es una condición grave con síntomas incapacitantes como irritabilidad, ira, estado de ánimo deprimido, tristeza, pensamientos suicidas, cambios de apetito, distensión abdominal, sensibilidad en los senos, y dolor articular o muscular. No debe confundirse con el síndrome premenstrual (PMS por sus siglas en inglés), que es bastante común y generalmente presenta síntomas leves.

Depresión psicótica

Esta forma de depresión ocurre cuando una persona experimenta depresión severa además de algún tipo de psicosis. Esto significa que la persona puede tener creencias fijas falsas (delusión). Además, pueden experimentar, escuchar o ver cosas perturbadoras que otros no pueden oír ni ver (alucinaciones). Sus síntomas psicóticos, es decir, delirios o alucinaciones, suelen tener un "tema" depresivo, como delirios de culpa, pobreza o enfermedad.

Depresión difícil de tratar (DTD por sus siglas en inglés)

Esta es una nueva categoría que fue desarrollada como parte de una declaración de consenso internacional por un grupo de psiquiatras globales y publicada en el Journal of Affective Disorders en 2020.[17] La categoría anterior era la depresión resistente al tratamiento, pero este término fue descartado por muchas razones, particularmente porque culpó el trastorno en sí mismo o al individuo por no mejorar. DTD es "depresión que sigue causando una carga significativa a pesar de los esfuerzos habituales de tratamiento".[18]

La obtención de un diagnóstico profesional es esencial para recibir el tratamiento que producirá los mayores beneficios. El tratamiento recomendado puede variar para cada persona, pero la psicoterapia, es decir, la terapia de diálogo es generalmente la mejor opción de tratamiento para la depresión leve a moderada. Para los casos más graves, una combinación de medicamentos y psicoterapia puede proporcionar los resultados óptimos. Depende del médico y de la persona que recibe tratamiento determinar la terapia específica y la medicación que funcionará mejor.

DEPRESIÓN Y SUICIDIO

Esta vez Teresa se sintió diferente. Parecía estar hundiéndose más profundamente en sus sentimientos negativos. Orlando, su esposo y todos sus hijos sabían que Teresa no estaba bien. Cada intento que hicieron para ayudarla parecía en cambio empujarla más profundamente en el abismo de la tristeza que parecía estar envolviéndola a ella. Teresa miró su casa y vio cómo estaba cada vez más desordenada con sus papeles repartidos por todos los mostradores de la cocina. Y aunque quería, Teresa no pudo levantarse de su cama por la mañana, incluso cuando sabía que tenía que llevar a sus hijos a la escuela antes de ir al trabajo que especialmente nunca le había gustado. Orlando no sabía qué hacer y se quedó petrificado cuando Teresa dijo: "Tengo ganas de conducir el coche hacia una pared".

Nuevas investigaciones longitudinales sobre la depresión siguieron a las personas durante un largo período de tiempo.

Los datos mostraron que el 2% de las personas tratadas por depresión de forma ambulatoria murieron por suicidio, mientras que para aquellos que habían sido tratados de forma hospitalaria, la tasa era mayor, en un 4%. Las diferencias de género en el estudio fueron bastante llamativas: el 7% de los hombres con antecedentes de depresión murieron por suicidio y sólo el 1% de las mujeres sucumbieron al suicidio.[19]

Mientras que sólo un pequeño porcentaje de las personas con depresión se suicidan, más de la mitad de las personas que lo hacen tienen depresión. El suicidio es un problema grave en los Estados Unidos tanto para hombres como para mujeres, y sigue siendo la octava causa de muerte para personas de todas las edades. Es un problema para los jóvenes, pero también un problema entre los mayores de 65 años. En todas las categorías, más hombres que mujeres se suicidan, con armas de fuego usadas en aproximadamente la mitad de todos los suicidios.

De 1999 a 2006 en los Estados Unidos hubo un aumento constante del 1% en el suicidio. De 2006 a 2017, la tasa aumentó un 2% cada año. En 2018, más de 48.000 personas murieron por suicidio. Además, en 2018, 10,7 millones de adultos pensaron seriamente en intentar suicidarse. De ellos, 3,3 millones hicieron un plan, y 1,4 millones intentaron suicidarse, pero no tuvieron éxito.[20] Como resultado, el Instituto Nacional de Salud Mental (NIMH por sus siglas en inglés) se comprometió a reducir la tasa de suicidios en un 20% para 2025.

Según el NIMH, si le preocupa que alguien esté en riesgo de lastimarse a sí mismo, estas son algunas cosas específicas que puede hacer para tratar de evitar que una persona se suicide:

1. Cuando se comunique con la persona, pregunte "¿Has pensado en hacerte daño?" Si la persona dice que sí, pregunte si ya hay un plan específico en mente.

2. Si es posible, trate de hacer que la persona esté más segura reduciendo el acceso o inhabilitando los medios letales que se mencionaron.

3. Escuche lo mejor que pueda para comprender realmente lo que la persona está diciendo.

4. Conéctelos al 1-800-273-TALK (8255) de la Línea Nacional de Prevención del Suicidio de 24 horas o al número de la Línea de Texto de Crisis (741741), o si la persona es un veterano, la Línea de Crisis de Veteranos es 1-800-273-8255 y presione 1. Estos son buenos recursos para mantener en su teléfono. Anime a la persona a ponerse en contacto con una persona de confianza, como un familiar, un amigo, un asesor espiritual o un profesional de salud mental.

5. Manténgase en contacto con la persona lo mejor que pueda para dar tranquilidad y seguimiento.

Estos pasos son extremadamente útiles y pueden prevenir algunos suicidios. No evitarán todos los suicidios. El suicidio sigue siendo un problema enorme de salud pública.

DEPRESIÓN Y SU RELACIÓN CON LA DIABETES Y ENFERMEDADES CORONARIAS

Nuestra tarea principal es cuidar todas nuestras condiciones de salud. En la mayoría de las circunstancias, mejorar requiere que tomemos ciertas acciones. Esto puede ser especialmente difícil cuando alguien está deprimido porque uno de sus síntomas puede ser una incapacidad para hacer las cosas. Estar deprimido definitivamente hace que sea más difícil hacer las cosas que queremos y debemos hacer. La mayoría de los proveedores de atención médica son conscientes de que deben tratar la depresión junto con cualquier otra condición de salud que pueda estar presente.

La relación entre la depresión y otras condiciones de salud en curso ha sido bien documentada. Sabemos que si usted tiene diabetes, por ejemplo, es más probable que también tenga depresión. Lo mismo es cierto para las personas con problemas cardíacos.

Diabetes

Si tiene diabetes tipo 2 y depresión, la relación causal entre estas afecciones va en ambas direcciones. La depresión puede aumentar la probabilidad de tener diabetes tipo 2, pero también es cierto que tener diabetes tipo 2 aumenta la probabilidad de que le diagnostiquen depresión.[21] Los cambios en los niveles de azúcar en la sangre de una persona, ya sean picos o caídas, pueden cambiar el estado de ánimo, la capacidad de enfoque y el nivel de energía de una persona.

Enfermedad coronaria (CHD por sus siglas en inglés)

"Treinta años de datos epidemiológicos indican que la depresión predice el desarrollo de enfermedades cardíacas", dijo Jesse C.

Stewart, Ph.D., profesor asociado de psicología en la Escuela de Ciencias de la Universidad de Indiana-Universidad Purdue de Indianápolis (IUPUI).[22] Si usted tiene una enfermedad coronaria, tiene tres veces más probabilidades de que le diagnostiquen depresión que alguien sin enfermedad coronaria. Los síntomas depresivos también aumentan la probabilidad de que alguien con una amplia gama de problemas cardíacos tenga un ataque cardíaco o requiera hospitalización por problemas cardíacos. Sin duda, es esencial controlar los síntomas depresivos de las personas con afecciones que pueden implicar una reducción repentina del flujo sanguíneo al corazón.

Independientemente del tipo de problema cardíaco que alguien experimente (enfermedad coronaria, angina inestable, ataque cardíaco, insuficiencia cardíaca o recuperación de la cirugía de derivación coronario), los investigadores han encontrado que entre el 15 y el 20% de las personas con un problema cardíaco tienen un trastorno depresivo mayor. Además, un porcentaje aún mayor de ese grupo muestra signos de depresión más leve. En otro estudio, los investigadores concluyeron que "la depresión podría ser un factor de riesgo de enfermedad cardíaca o accidente cerebrovascular y sugirieron que los médicos prestan mucha atención a los síntomas depresivos en los adultos mayores".[23] Es importante tener en cuenta la depresión para la recuperación completa de una persona después de un evento cardíaco.

El síndrome del corazón roto, también llamado cardiomiopatía inducida por el estrés o cardiomiopatía takotsubo, es una afección cardíaca que ejemplifica las conexiones entre la depresión y las enfermedades cardíacas.[24] En el pasado, era común diagnosticar mal el síndrome del corazón roto como un ataque al corazón porque compartían síntomas similares y algunos resultados de las pruebas. Sin embargo, una diferencia importante entre estas dos afecciones fue que en el síndrome del corazón roto, no había evidencia de obstrucción de las arterias cardíacas. Además, los análisis de sangre no mostraban signos de daño cardíaco, e incluso el electrocardiograma era diferente al de alguien que estaba teniendo un ataque al corazón. La buena noticia es que la mayoría de las personas se recuperan del síndrome del corazón roto.

Se ha considerado la teoría de que algunas de las hormonas relacionadas con el estrés, que puede ser un precursor de la depresión, puede tener un impacto en el corazón. Durante un tiempo, no estaba claro si la depresión realmente causaba problemas cardíacos. Sin embargo, la mayoría todavía está de acuerdo en que los dos están definitivamente relacionados y que los proveedores de atención médica deben centrarse en el tratamiento de ambas afecciones. Investigaciones más recientes han dejado claro que hay "mecanismos compartidos entre la cardiopatía coronaria y la depresión".[25]

Se han realizado progresos significativos en el descubrimiento de los mecanismos biológicos que explican la conexión entre la depresión y la enfermedad coronaria. Los mismos productos químicos que nuestro cuerpo libera cuando estamos estresados se han identificado como el vínculo entre las dos condiciones.[26] Algunas hormonas relacionadas con el estrés también tienen un impacto en el corazón. Si bien no tenemos todos los hechos, puede estar seguro de que el estrés psicológico crónico no es bueno para su corazón.

Además de la diabetes y las enfermedades cardíacas, la depresión está relacionada con una serie de otras afecciones. Constantemente están surgiendo porciones de información para ayudarnos a entender mejor estas conexiones y cuidar de nosotros mismos. Una cosa es cierta: tener el diagnóstico adicional de depresión aumenta la probabilidad de que usted tendrá un resultado desfavorable. No importa qué tipo de depresión y qué otras condiciones de salud pueden tener una persona, es crucial que tomen medidas para mejorar lo antes posible.

Las personas con síntomas de depresión pueden encontrar difícil buscar ayuda. Una persona puede sentir que sólo arrastrándose a sí misma a la acción se puede hacer cualquier cosa, y eso está bien. A veces esa es la única manera de empezar.

CÓMO LA DEPRESIÓN AFECTA SU CUERPO, MENTE Y ESPÍRITU

Parte del problema con nuestra comprensión de la depresión es que usamos la palabra para cubrir una amplia gama de experiencias. A veces, cuando estamos tristes, usamos la palabra "deprimido" para describir cómo nos sentimos y confundir eso con la depresión real. La depresión es mucho más que la tristeza que siente porque no recibió la oferta que esperaba o el regalo que quería.

Estar triste y permanecer triste durante semanas a la vez puede ser un signo de una situación más grave. Sentirse infeliz es diferente de la depresión mayor, que puede experimentar una vez en su vida o como un evento recurrente que agota sus recursos emocionales, creando un vacío que consume toda esperanza y genera desesperación. Esta forma más amplia de depresión drena a quienes la experimentan, así como a las personas más cercanas a ellos, de la energía para tomar las acciones que deben realizar para mejorar.

Con el tiempo, la depresión distorsiona cada vez más aspectos de la vida de una persona a medida que los sentimientos negativos y la incapacidad para hacer las cosas se incrustan cada vez más en su vida. Alguien que está severamente deprimido experimentará una profunda tristeza que abruma e inmoviliza su vida.

Dado que la salud se trata del bienestar del cuerpo, la mente y el espíritu, es crucial usar ese marco para entender lo que estamos experimentando para que podamos tomar las medidas necesarias para mejorar. Los signos y síntomas de la depresión[27] disponibles en el Instituto Nacional de Salud Mental se explican a continuación en grupos que son consistentes con una visión más completa de la depresión.

Cuerpo (cambios no intencionados)

Dormir: Ya no puede dormir como solía hacerlo. La cantidad de sueño que se obtiene cada noche y/o la calidad de ese sueño ha cambiado. Usted puede dormir más horas o puede encontrar que solo puede dormir durante unas horas a la vez. Puede ser difícil para usted ir a dormir o permanecer dormido. El cambio es el factor clave. Usted encuentra que a diferencia de su patrón habitual, está despertándose temprano en la mañana o durmiendo demasiado.

Comida: La cantidad de comida que ingiere ha cambiado, aunque no tenía la intención de que eso sucediera. Usted puede comer significativamente más de lo habitual, o puede comer mucho menos. Tenga en cuenta si experimenta un cambio involuntario de peso: algunas personas con depresión aumentan de peso y otras pierden lo pierden.

Disminución de la energía o la fatiga: Ya no tiene la energía para hacer nada, incluso las actividades que alguna vez disfrutaba.

Se mueve o habla más lentamente: Se da cuenta de que se mueves o habla más lentamente de lo habitual.

Dolor: Es posible que el cuerpo no se sienta bien. Usted puede tener dolores continuos, dolores de cabeza, calambres o problemas digestivos que no desaparecen y no parecen tener una causa física.

Mente (no funciona bien; no está en paz)

Tristeza persistente, ansiedad o "vacío": No sólo está triste por el momento; la tristeza dura largos períodos de tiempo. En otras ocasiones, es posible que se sienta ansioso o vacío. Su mente no está en reposo. En diferentes momentos, usted puede sentirse triste, ansioso, o incluso como si usted no tuviera sentimientos en absoluto.

Mal humor o irritabilidad: Tiene un temperamento volátil y descubre que se molesta fácilmente.

Sentirse inquieto o tener problemas para permanecer quieto: A veces tiene dificultad para estar en un solo lugar y tiene la necesidad de moverse.

Pérdida de interés o placer en aficiones y actividades: Se ha vuelto difícil para usted encontrar cualquier cosa que hacer que le dé placer. Incluso las cosas que te gustaba hacer ya no parecen agradables, incluyendo la intimidad sexual.

Su mente no está clara: tiene dificultad para concentrarse, recordar o tomar decisiones. No es capaz de pensar como lo hizo una vez. No puede concentrarse en nada, los detalles se pierden, sus pensamientos se confunden y, cuando le dan decisiones, tiene problemas para decidir lo que quiere hacer. Tratar de tomar una decisión es difícil.

Espíritu: (disminuido, no en un buen lugar)

Desesperanza o pesimismo: Siente que la esperanza ha desaparecido de su vida y que la vida no mejorará.

Culpa, indefensión, impotencia o sentimiento indigno: Siente que las cosas han ido mal en su vida, y es su culpa. Siente que no es digno de nada bueno en la vida, o que no hay nada que pueda hacer para mejorar su situación de vida.

Muerte: Ha pensado en acabar con su vida o en realidad ya ha tratado de acabar con su vida.

Repase esta lista con cuidado. Considere si ha experimentado cambios no deseados en la forma en que funciona su cuerpo, siente que su mente no está funcionando tan bien como lo ha hecho en el pasado, y que su espíritu se siente disminuido y cargado de desesperación. Si usted ha experimentado algunos o todos estos síntomas durante más de dos semanas, hay pasos que puede tomar para mejorar. Primero, hable con su proveedor de atención médica para descartar cualquier problema de salud física. Si no hay problemas físicos, usted se beneficiará de ver a un profesional de salud mental que puede ayudarle a ordenar sus sentimientos, emociones, vida familiar y vida laboral.

Tenga en cuenta que nuestros pensamientos, sentimientos y comportamientos son increíblemente complejos. Para entender lo que los hace únicos para cada uno de nosotros, tenemos que examinar todas las piezas que nos hacen hacer lo que hacemos y sentir lo que sentimos. Para entender completamente la depresión, debe saber más sobre la biología de la depresión.

SU CUERPO: FACTORES BIOLÓGICOS EN LA DEPRESIÓN

Todos tenemos genes que nos predisponen o nos protegen de enfermedades, células que componen nuestra estructura cerebral y bioquímica en todo nuestro cerebro y cuerpo. Estos genes interactúan entre sí y con el entorno externo que nos rodea.

Si tiene depresión, tiene una afección que se entrelaza con sus genes, sus células, su sistema de procesamiento de información en el cerebro, su cognición, su temperamento y los eventos que ocurren a su alrededor. La depresión puede ser causada por uno de estos factores o alguna combinación de ellos. Estamos empezando a entender las formas en que estos factores afectan el cuerpo y los cambios que generan.

GENES

Su cuerpo tiene unas 37 billones de células. En el centro de cada célula, hay estructuras hiladas (cromosomas) que transportan sus genes. Sus genes contienen el ADN (ácido desoxirribonucleico) que heredó de sus padres.

Los genes son las piezas de ADN que tienen las instrucciones para crear cada parte de su cuerpo y asegurarse de que funcionan correctamente. El Proyecto del Genoma Humano del NIH estimó que los seres humanos tienen entre 20.000 y 25.000 genes. Todas estas piezas que trabajan juntas son responsables de crear a la persona que es usted. Sin embargo, a pesar de nuestra comprensión actual de los genes, todavía hay mucho más que aprender.

Se esperaba que el proceso de mapeo del genoma humano abriera un nuevo entendimiento para muchas condiciones, incluida la depresión. Por esta razón, a partir de 2003, hubo un impulso masivo para tratar de resolver un gen de depresión con la esperanza de que al hacerlo ayudaría a identificar quién estaría en riesgo de depresión. A medida que esta investigación continuó, se hizo evidente que sólo unas pocas enfermedades muy raras fueron causadas por un gen específico.

En este punto, sabemos que no hay un solo gen que cause depresión.[28] Sin embargo, si bien no se ha descubierto un gen particular para la depresión, los investigadores encontraron que las personas que tenían una versión corta de un gen en particular (5-HTTLPR), a diferencia de la versión más larga, eran más propensas a desarrollar depresión cuando se enfrentan al estrés.[29] En un estudio de asociación en todo el genoma que incluyó a 161.640 personas con síntomas depresivos, los investigadores identificaron dos variaciones asociadas con los síntomas depresivos. Las mismas variaciones también se encontraron en otro grupo de personas con depresión.[30]

Los investigadores han identificado cientos de lugares en el genoma que están irrefutablemente vinculados a enfermedades mentales como la esquizofrenia, el autismo y la depresión.[31] Mediante el análisis de genes, identificaron y refinaron la conexión con la depresión mayor. Se están llevando a cabo más investigaciones para identificar otros genes que también pueden tener un impacto en la depresión. Sin embargo, actualmente, la contribución específica de los genes y el medio ambiente a los trastornos depresivos mayores aún no está clara.[32]

La información genética puede ayudar a determinar qué tratamientos disponibles funcionarán para una persona en particular. En algunos casos, ciertos genes pueden aumentar o disminuir la probabilidad de que un medicamento sea eficaz. Los genes tienen un efecto en cómo actúan las drogas, si nuestro cuerpo absorbe una droga lenta o rápidamente, e incluso cómo se procesa la información en el cerebro. Esta área de investigación se denomina farmacogenética. Algunos de los beneficios y efectos secundarios de los medicamentos que tratan la depresión probablemente se deben a la variabilidad en los genes de una persona a otra.

Además de entender lo que está sucediendo dentro de una célula humana, hay un creciente interés en los factores ambientales que afectan a los genes. En este tipo de estudios, los investigadores se centran en factores externos que encienden o desactivan los genes o cambian su funcionamiento. Por ejemplo, hay pruebas sólidas de que fumar tiene un impacto en los genes y en cómo metabolizamos los medicamentos. Además, la investigación en epigenética conductual, el estudio de cómo las experiencias de la vida afectan a los genes, sugiere que las experiencias tempranas de la vida pueden tener un impacto importante en ciertos genes seleccionados.

Y mientras que algunos científicos pueden afirmar que sus genes pueden contar toda la historia de quién es usted, otros creen lo contrario. Tomemos el ejemplo de gemelos idénticos: al principio puede tener dificultad para diferenciarlos, pero cuanto más tiempo esté con ellos, más podrá ver las diferencias entre ellos en términos de sus respuestas emocionales y expresiones faciales. Hemos aprendido de estudios de gemelos que incluso el código genético idéntico no produce comportamientos idénticos. Esto se debe a que la experiencia y el medio ambiente son factores para dar forma a nuestro comportamiento.

Los genes desempeñan un papel fundamental en la determinación de qué tan bien una persona puede adaptarse a su entorno; sin embargo, las formas en que se produce esa adaptación aún no están claras. Si bien nuestros genes interactúan con las experiencias que tenemos, todavía necesitamos entender cómo esas interacciones resultan en cambios de comportamiento. El estrés puede cambiar nuestro ADN dejando marcas de metilo en nuestro ADN y, como resultado, puede afectar el resto de nuestra vida. Basta con decir que tenemos un largo camino por recorrer antes de comprender completamente la conexión entre nuestros genes y la depresión. Se espera que la próxima década de investigación proporcione la valiosa información que necesitamos para entender las interacciones entre los factores genéticos, los cambios ambientales y la depresión.

Es crucial recordar que "la depresión no tiene un patrón claro de herencia en las familias. Mientras que las personas que tienen un padre o un hermano con depresión son más propensas a desarrollar depresión muchas personas que desarrollan depresión no tienen antecedentes familiares del trastorno y muchas personas con un pariente afectado nunca desarrollan el trastorno".[33]

CEREBRO

El sistema nervioso central está compuesto por el cerebro y la médula espinal. El cerebro está conectado a la médula espinal, que está llena de nervios que proporcionan una vía bidireccional que permite que el cuerpo y el cerebro se comuniquen entre sí. Como resultado, el cerebro es uno de los principales centros de control responsables de las formas en que usted interactúa con todo lo que le rodea.

El encéfalo incluye el tronco encefálico, el cerebelo, el cerebro y el sistema límbico. El tronco cerebral controla las funciones del cuerpo en las que usted no tiene que pensar, como la respiración y la frecuencia cardíaca. También vincula el cerebro a la médula espinal. El cerebelo le da equilibrio y la capacidad de coordinar sus movimientos. Es la parte del cerebro que coordina su movimiento juntando la información de sus ojos, oídos y músculos.

El cerebro es la mayor parte del encéfalo. Se compone de dos mitades, también conocidas como hemisferios. Estos hemisferios están conectados entre sí por un grueso haz de nervios llamado cuerpo calloso. Cada hemisferio tiene cuatro secciones, o lóbulos, y cada uno controla una función específica. Las secciones en el frente son los lóbulos frontales y son responsables de las funciones ejecutivas de una persona. Esto incluye su capacidad para pensar, planificar, razonar, organizar, tener pensamientos abstractos y ejercer el autocontrol.

En el fondo del cerebro está el sistema límbico. Este es un complejo conjunto de nervios, redes y estructuras que influyen en las emociones (miedo, placer, ira), motivación (hambre, sexo, crianza) y recuerdos. El sistema límbico incluye el hipotálamo, el tálamo, el hipocampo y la amígdala. Cada uno de ellos tiene un rol específico.

El hipotálamo es del tamaño de una almendra y controla comer, dormir y la temperatura corporal. El tálamo transmite información a las otras partes del cerebro, mientras que el hipocampo es responsable de la memoria y de las funciones cognitivas más complejas. La amígdala es la parte del cerebro que detecta amenazas y se prepara para emergencias. Desempeña un papel crucial en el procesamiento de señales sociales, como las expresiones faciales, particularmente las temerosas.

Los investigadores están estudiando cada vez más el papel de la amígdala en la depresión. Se cree que su intuición es el producto de la amígdala. La amígdala es su portero personal, responsable de procesar y recordar las reacciones emocionales y es clave para tu vida social. Investigaciones anteriores indican que, independientemente del género o la edad, las personas con una amígdala más grande informaron tener redes sociales más sustanciales y complejas.[34] Investigaciones recientes han confirmado que el tamaño de esta red social puede ser predicho por la estructura cerebral y las funciones de la amígdala.[35]

También estamos aprendiendo más acerca de cómo el estrés afecta el cerebro. El estrés interrumpe la interacción normal entre el hipotálamo, la glándula pituitaria y las glándulas suprarrenales. Cuando la comunicación entre estas glándulas ya no está sincronizada, es más probable que una persona tenga síntomas depresivos.

El cerebro también tiene muchos tipos de células, pero las más importantes son las células nerviosas, o neuronas. Sus pensamientos y emociones son el resultado de señales que pasan de una neurona a la siguiente. A veces puede surgir un problema en el área entre las neuronas, llamada sinapsis, que puede hacer difícil transmitir información de una neurona a otra. Estos problemas pueden deberse a sustancias químicas conocidas como neurotransmisores, que son mensajeros químicos que juegan un papel vital en las comunicaciones entre las células nerviosas en el cerebro. Algunos ejemplos de estos neurotransmisores incluyen serotonina, noradrenalina, dopamina, histamina, GABA (ácido gamma-aminobutírico), acetilcolina, y glutamato.

El papel de cada uno de estos productos químicos es único. Por ejemplo, las neuronas GABA están relacionadas con la adquisición, almacenamiento y extinción del miedo. En una extensa revisión de GABA, se encontró que una deficiencia de este es un sello distintivo de la depresión mayor.[36] El papel de la serotonina, sin embargo, es increíblemente complejo. Parece que las personas que tienen depresión no tienen la cantidad adecuada de este neurotransmisor: algunos tienen demasiado, y otros tienen muy poco. Actualmente, no hay ninguna prueba que pueda determinar fácilmente cuánta serotonina necesita estar disponible para una buena salud mental.

Técnicamente, la depresión no es una enfermedad del cerebro, sino más bien un trastorno que implica cómo el cerebro funciona y procesa la información. Es por eso que cuando la gente dice que la depresión está "todo en la cabeza de alguien", sólo están parcialmente equivocados. Si hay problemas en partes del cerebro, puede afectar algunos de los comportamientos asociados con trastornos neurológicos y psiquiátricos. Ya que procesamos la información en el cerebro, cuando esos procesos no están funcionando bien, podemos desarrollar todo tipo de condiciones.

La investigación sobre el cerebro y cómo funciona ha avanzado por nuestra capacidad de utilizar escáneres cerebrales para medir la estructura del cerebro, flujo sanguíneo, y los niveles de oxígeno y glucosa. Mientras que los escáneres cerebrales aún no se utilizan como una herramienta para el diagnóstico, la información adicional que proporcionan nos ha ayudado a revisar y expandir nuestro conocimiento del cerebro.

La actividad cerebral, medida por la tecnología existente, no nos da respuestas claras. Los escáneres cerebrales de personas enamoradas, adictos a las drogas y obsesivas compulsivas tienen el mismo aspecto. Mientras que los sentimientos que uno experimenta y sus escáneres cerebrales correspondientes pueden cambiar en función de la situación, estas imágenes también pueden ser muy similares a los escáneres cerebrales de personas en entornos muy diferentes.[37]

Numerosos desafíos todavía permanecen en el estudio del

cerebro y cómo afecta la depresión. La neurociencia cultural es un campo creciente de investigación que intenta explicar las formas en que la cultura influye en el desarrollo cerebral. Esto no implica que un cerebro de una cultura es mejor que un cerebro de otra; en cambio, demuestra que hay diferencias de cultura a cultura con respecto a cómo las personas procesan la información.

Todavía estamos aprendiendo cómo medir el cerebro, cómo interpretar las imágenes del cerebro, y qué factores pueden cambiar cómo funciona. Toda esta nueva información necesita ser analizada cuidadosamente con el fin de determinar el impacto que los cambios en la función cerebral tienen en la depresión. La investigación en este campo será invaluable para el desarrollo de nuevas opciones de tratamiento.

HORMONAS

Las hormonas son los mensajeros químicos producidos por su cuerpo. Son parte de su sistema endocrino y controlan y regulan la actividad de ciertas células y órganos. Las hormonas trabajan lentamente e impactan el crecimiento y el desarrollo, cómo su cuerpo gana energía de lo que come, función sexual, reproducción, y estado de ánimo.[38] Cuando se trata de sus sentimientos y su capacidad de pensar, las hormonas juegan un papel importante.

Se han realizado varios estudios para demostrar cómo las hormonas alteran el estado de ánimo de las mujeres. Durante la adolescencia, el embarazo y la menopausia, las mujeres experimentan cambios hormonales que pueden conducir a estados depresivos. Durante estos tiempos, cambios están presentes en los niveles de estrógeno y testosterona. Las investigaciones han demostrado que durante los dos primeros años después de la menopausia, las mujeres tienen un mayor riesgo de tener un episodio depresivo mayor. Sin embargo, no está claro si esto se debe a cambios hormonales o eventos de la vida.

Mientras que los investigadores han estado investigando a las mujeres en sus cuarenta hasta principios de los cincuenta años debido a sus cambios hormonales, pocos estudios han analizado los cambios hormonales que los hombres experimentan durante este mismo tiempo de vida. La falta de datos sobre los hombres refleja el sesgo de que sólo las mujeres se ven afectadas por los cambios hormonales. Sabemos muy poco acerca de cómo las hormonas afectan a los hombres a medida que envejecen. Sabemos que los hombres con niveles disminuidos de testosterona aumentan los niveles de depresión y ansiedad. Esto a menudo ocurre en el mismo rango de edad cuando los hombres son más propensos a suicidarse.

Aunque el estudio del efecto de las hormonas en nuestro comportamiento es muy complicado[39] hay al menos dos hormonas que deben ser consideradas debido a su relación con la depresión: cortisol y oxitocina.

El cortisol juega un papel fundamental en la depresión porque es la hormona asociada con las formas en que manejamos el estrés. Al igual que el estrés en sí, el cortisol tiene un lado bueno y un lado no tan bueno. El cortisol puede prepararlo para los desafíos, pero demasiado puede causar todo tipo de complicaciones. Cuando está en una situación estresante, el cortisol es una de las sustancias químicas que su cuerpo libera para preparar su sistema inmunitario para responder al estrés. Después de que la situación ha pasado, el cortisol comunica al sistema inmunitario que puede relajarse. Sin embargo, cuando tiene demasiado estrés en su vida, el cortisol permanece en su sistema y las células del sistema inmunitario dejan de responder. Con el tiempo, su nivel de cortisol no vuelve a la normalidad, explicando por qué puede comenzar a experimentar problemas debido al estrés constante y alto.

También se ha escrito mucho sobre la oxitocina. Esta es una hormona que se comporta como un neurotransmisor en el cerebro y ha atraído interés entre los investigadores de la salud y el público en general. Esta hormona, a veces conocida como la "hormona del abrazo", ha recibido atención popular porque parece tener un impacto en cómo las personas se relacionan entre sí. Específicamente, la oxitocina está involucrada en los comportamientos que conectan a las personas entre sí. En un estudio reciente centrado en la relación entre la oxitocina y la depresión, los investigadores encontraron que la oxitocina afecta la respuesta de una persona al estrés. Como un resultado, esta hormona también podría tener un efecto sobre la depresión.[40]

MICROBIOMA

El microbioma humano consiste en los 100 billones de microbios (compuestos por bacterias, bacteriófagos, hongos, protozoos y virus) que viven principalmente en el intestino. Estos microbios son esenciales para la salud y el bienestar y juegan un papel crítico en la digestión y el sistema inmunológico, así como muchas otras funciones del cuerpo.

Durante más de una década, los investigadores han trabajado para descubrir la conexión entre el intestino y el cerebro. El intestino y el cerebro están conectados por una carretera bidireccional que se comunica a través de microbios para mantener la salud de una persona. La investigación actual está examinando las bacterias intestinales para desarrollar nuevos medicamentos para el cerebro.[41] La relación completa entre el microbioma y la salud de una persona todavía se está descifrando.

En resumen, su cuerpo contiene muchos componentes que podrían desencadenar la depresión, pero todavía no estamos seguros de cuáles son las causas.[42] Es poco probable que su depresión esté relacionada únicamente con sus genes. La depresión también puede ser el resultado de un mal funcionamiento del cerebro o reflejar un desequilibrio químico en los neurotransmisores, las hormonas o el microbioma.

Lo que no sabemos es si la depresión es causada por un factor biológico o una combinación de estos factores biológicos, o si la depresión causa estos fallos de funcionamiento. Al encontrar las respuestas a estas preguntas fundamentales, podemos mejorar significativamente nuestra comprensión de la depresión y desarrollar mejores tratamientos.

Sabemos que la depresión es más que un desequilibrio químico; es una condición que altera su mente y su espíritu.

SU MENTE Y ESPÍRITU: CONEXIONES A LA DEPRESIÓN

Nuestro conocimiento sobre la conexión entre la depresión y la mente y el espíritu es desafiado. La objetividad que es esencial para la investigación puede pasar por alto la riqueza de la experiencia subjetiva de las personas. Para entender la mente y el espíritu confiamos en lo que una persona dice y hace para tratar de captar sus sentimientos y emociones.

> David explicó: "Sabes cómo te sientes cuando se termina el efecto de tomar Molly.[43] Bueno, imagina despertarte por la mañana y sentirte así todos los días de tu vida. Así yo me siento cada mañana cuando me despierto".

Le pregunté a Edith cómo se había adaptado a estar en casa con su marido durante varios meses debido a las precauciones de estancia en casa del COVID-19. Hizo una pausa y dijo: "El día va bien cuando puedo superarlo... cuando veo los rostros de las personas que han ayudado . . . el valor personal de tantos ha sido absolutamente notable. Pienso en mi propia vida y me deprimo".

Nuestro sentimiento y emociones enmarcan nuestras vidas. Irónicamente, cuando preguntamos cómo está una persona, rara vez intentamos saber cómo se siente realmente o qué está pasando en su vida. "¿Cómo estás?" en todas sus iteraciones es el saludo estándar que nos damos el uno al otro. La respuesta es la programada, "Bien. ¿Y tú?" Todo es bueno cuando una persona responde con "Bien", "Genial" u "Ok". Escuchar una respuesta menos que positiva pero honesta crea una pausa incómoda. El ritual se ha roto; la intención nunca fue saber lo que alguien estaba sintiendo realmente o reconocer las emociones que se agitaban.

De alguna manera, nos hemos mudado a un lugar donde la norma es evitar involucrarnos con las emociones de los demás. Hemos optado por no hablar de nuestras emociones. No es de extrañar que, como consecuencia, también hayamos aprendido a crear un pseudo yo. Facebook, Instagram y sus sucesores se han convertido en plataformas para proyectar una imagen superficial en lugar de quiénes somos y lo que realmente sentimos. Editamos y curamos lo que planteamos en lugar de acercarnos a nuestras emociones y las emociones de los demás. Utilizamos la tecnología para ocultar nuestros sentimientos por el mayor objetivo de crear un imagen público, y en el proceso, perdemos una parte definitoria de nuestras identidades.

Nuestras emociones nos enseñan nuestras primeras lecciones sobre la vida. La evidencia muestra que los bebés de tan solo cuatro meses de edad aprenden a leer las emociones de quienes los rodean y a comunicar las necesidades básicas.[44] Aprendemos rápidamente a quién amar y a quién temer. Aprendemos de los que nos rodean y de los que nos abandonan. Nuestras emociones existen para ayudarnos a prosperar y son componentes poderosos en nuestra caja de herramientas de vida.

Muchos se esfuerzan por cerrar sus sentimientos y emociones como si hacerlo fuera una insignia de éxito, cuando en realidad es todo lo contrario es cierto. Reconocer nuestros sentimientos y emociones, así como el papel que desempeñan en nuestras vidas, está en el corazón del éxito y de ser felices. Reconocemos esto cuando aceptamos la necesidad de inteligencia emocional (EQ).[45]

La inteligencia emocional se refiere a nuestra capacidad de entender nuestras propias emociones y las de los demás. Investigaciones recientes proponen un modelo de nueve capas de inteligencia emocional. En la base están los estímulos emocionales que encontramos todos los días, y en el pináculo está la unidad emocional.[46] La EQ nos permite manejarnos a nosotros mismos, nuestras vidas y nuestras relaciones. Muchas de estas habilidades se aprenden y no se aprenden a lo largo de la vida.

No importa qué nivel de inteligencia emocional tengamos, todos necesitamos reconocer nuestros propios sentimientos y emociones y darnos cuenta del papel importante que tienen en la comprensión y el manejo de la depresión.

SENTIMIENTOS

Alicia era alguien que había pasado por la vida ignorando sus sentimientos. Cuando se le preguntaba cómo estaba, ella respondía: "Bien". Ella siguió adelante haciendo lo que tenía que hacer para sobrellevar sus largos días. Hizo malabarismos con sus hijos, su trabajo y más familia. Sus listas de tareas pendientes parecían crecer tan rápido como podía tachar actividades. Entonces un día, mientras veía una película, se encontró llorando incontrolablemente. En ese momento se dio cuenta de que no todo podía estar bien.

Todo el mundo tiene sentimientos; son parte de nuestra conciencia individual. Los sentimientos son específicos de cada persona. No importa si nadie más parece entender sus sentimientos, incluso si usted tampoco. Sólo importa que reconozca esos sentimientos y entienda que son muy reales. Cuando Alicia se encontró llorando, dio un primer paso importante para aceptar que tenía sentimientos que no había considerado anteriormente.

El reconocimiento que tenemos sentimientos es clave al entendimiento de lo que nos empuja en direcciones diferentes. Cada uno de nosotros conscientemente encuentra la vida por nuestros sentimientos; ellos son nuestras autopercepciones. Experimentamos a la gente, acontecimientos, y ambiente alrededor de nosotros por nuestros sentimientos. Cuando usted anda por un callejón oscuro, usted puede sentirse seguro, caliente, frío, o con un sentido de presagio. Los sentimientos incluyen aquel "sentido visceral intuitivo" que algo no es correcto, lo que puede urgirlo a usted para cambiar direcciones y evitar aquel callejón.

La depresión y otras cuestiones pueden resultar cuando la gente va a los extremos de como ellos manejan sus sentimientos, que pueden ir desde sucumbir del todo a sus sentimientos (sucumbir) o fingiendo que no existen (ignorar). En el caso de sucumbir, los sentimientos asumen a la persona y la dominan. Por ejemplo, una persona que comienza a sentir esperas ansiosas al punto que esto lo rodea todo, inmovilizándolos con eficacia. Al sucumbir, una persona completamente cae en sus sentimientos a la exclusión de algo más.

La aproximación de ignorar ocurre cuando una persona aparta sus emociones fingiendo que ellos no tienen ningún sentimiento, entumeciéndose en sus sentimientos o tratando de disminuir la importancia de lo que ellos sienten. Este acercamiento proporciona un modo inmediato de manejar una situación difícil y sirve como un mecanismo de adaptación. Sin embargo, a lo sumo esto es a corto plazo, fijado temporalmente. La aproximación de ignorar hace a una persona perderse la información valiosa que los sentimientos pueden proporcionar. Si no hacen caso se hace un hábito, las complicaciones probablemente ocurrirán ya que los sentimientos son reales y pueden burbujear hasta la superficie de nuestras vidas de modos que son inesperados y a menudo contraproducentes. La depresión es uno de aquellos caminos.

Juan siempre estaba ocupado buscando el próximo gran negocio y tratando de conseguir nuevos clientes. Fue entusiasta y muy exitoso. Cuando me habló de su depresión le pregunté cómo era que nadie lo sabía. Se rio y dijo que fue porque ignoró sus sentimientos. Como era conocido por ser malhumorado la gente solo pensó que estaba teniendo un mal día. Había aprendido a ignorar lo que sentía. De hecho, era miserable y a menudo pensaba en acabar con su vida.

Juan experimentó un sentimiento de constante de la tristeza, sin tener en cuenta sus logros — él eligió la estrategia de ignorar. El mundo sólo vio un aspecto de su vida y no tuvo ni idea que Juan condujo una vida secreta de angustia. Hay un límite de cuánto usted puede ignorar y barrer bajo la manta proverbial; en algún punto, el bulto se pondrá tan grande que esto bloqueará su camino, dándole ninguna otra opción, sólo tratar con ello.

Los sentimientos son nuestra primera fuente de información sobre una situación. Pero ¿de dónde vienen todos estos sentimientos? Se moldean por la exposición a experiencias tempranas en la vida y nuestra elección de lo que hemos aprendido de la experiencia. El mayor desafío ha sido encontrar una manera positiva de aprovechar nuestros sentimientos.

La naturaleza subjetiva de nuestros sentimientos los hace valiosos. Tenemos que reconocer las experiencias que impulsan nuestras emociones, que finalmente son reveladas por nuestros sentimientos. Esta es la zona donde los sentimientos y las emociones se entrelazan.

EMOCIONES

Mientras que los sentimientos y las emociones pueden superponerse, cuando se trata de emociones, lo que las genera no es tan claro. Las emociones pueden venir de una experiencia que recordamos o una que queremos olvidar. Algunos neurocientíficos consideran que las emociones son menos subjetivas que los sentimientos porque para ellos, las emociones son el resultado de las formas en que el cerebro y el cuerpo responden a estímulos externos o internos.[47] Las medidas objetivas que evalúan los científicos son el sudor (EDA/GSR), las ondas cerebrales (EEG, fMRI), la frecuencia cardíaca (ECG) y el tamaño o lo pequeñas que se vuelven las pupilas (dilatación de la pupila).

La evidencia muestra que se pueden tomar mediciones que vinculen las respuestas de una persona con ciertas emociones. Estas mediciones son valiosas porque nos ayudan a identificar los cambios que ocurren como resultado de cosas que desencadenan una respuesta emocional. A veces usted consciente de lo que es el desencadenante, y a veces no lo es.

Piense en su respuesta emocional cuando vea llorar a alguien. Tendemos a emparejar el llanto con la emoción de la tristeza, pero eso no se aplica en todos los casos. Para ciertas personas, el llanto es un signo de profunda emoción, pero, dependiendo de la persona y la situación, la emoción que genera esta respuesta podría tener una variedad de fuentes. Estas lágrimas pueden estar arraigadas en la alegría, la frustración o el arrepentimiento; incluso pueden servir el único propósito de obtener una reacción deseada de aquellos que están observando.

Yvette había aguantado los gritos y el comportamiento exigente de Oscar durante años, pero un día había tenido suficiente y decidió que era hora de pedir el divorcio. Cuando ella le dijo a Oscar lo que había hecho, él se quedó muy callado y comenzó a sollozar.

Yvette se sintió terrible y la hizo sentir culpable de haber iniciado un proceso de divorcio.

Las lágrimas de Oscar eran reales, pero no estaban relacionadas ni con la tristeza ni con el final de su matrimonio. Sus lágrimas fueron lágrimas de frustración porque Yvette había conseguido la ventaja en el proceso judicial desde que había presentado el primer informe. Cualquier empatía que las lágrimas de Oscar habían agitado en Yvette, fue borrada una vez que se enteró de qué emociones habían generado sus lágrimas.

Cuando se trata de depresión, los roles de diferentes emociones son difíciles de burlar. Un ejemplo notable es la experiencia de la vergüenza o la culpa. Ambas son emociones negativas, y a un nivel superficial, parecen estar relacionadas. Sin embargo, la investigación muestra que la vergüenza (sentirse mal por nosotros mismos), no la culpa (sentirse mal por nuestra acción), tiene un impacto en la depresión.[48]

Para manejar nuestras emociones, debemos reconocerlas con precisión; sin embargo, por su propia naturaleza, a veces no somos conscientes de lo que las desencadenó. Muy a menudo, las personas no tienen las palabras para describir sus emociones y terminan haciendo declaraciones que restan importancia o tergiversan lo que están experimentando. Pueden decir: "Estoy cansado", cuando una declaración más precisa sería "Ya no disfruto de nada en mi vida".

Las emociones negativas sobre nosotros mismos pueden conducir a una menor autoestima. A su vez, estos sentimientos pueden conducir a la desesperanza y el pesimismo. Y cuando estas emociones persisten o se convierten en nuestra emoción predominante, estamos en el camino de la depresión.

Para prevenir este proceso, debemos aprender a manejar nuestras emociones de una manera productiva y alegre. Las emociones son complejas e impactan nuestro cuerpo, mente y espíritu de maneras formidables que pueden no ser siempre obvias. La convocatoria de 2020 para un modelo biopsicosocial[49] por parte de algunos profesionales líderes pone en primer plano cómo el cuerpo y el sistema inmunitario están tan interrelacionados con nuestras emociones y los efectos psicológicos de nuestro entorno social. La investigación se está llevando a cabo con el objetivo de desarrollar una estrategia a largo plazo para aumentar nuestra conciencia de las fuentes de nuestras emociones, así como determinar cómo se combinan con los sentimientos. A veces, nuestro bienestar mental dependerá de reforzar ese vínculo; en otras ocasiones, requerirá desacoplamiento.

Una vez vi una entrevista de una actriz al que se le preguntó cómo era capaz de hacer una escena de sexo tan intensa y convincentemente con un actor que no le gustaba. Ella respondió que lo que estaba mostrando era la intensidad de su aversión. Lo que la gente pensaba que sentía era diferente de su realidad.

Es fácil malinterpretar la expresión en el rostro de alguien porque las formas en que las personas muestran sus emociones varían significativamente de una persona a otra. Además, nuestra capacidad para leer expresiones faciales no es tan buena como pensamos y a menudo se tiñe por la lente de nuestra propia cultura y experiencias.

La mayoría de las personas creen que pueden saber cuando alguien está triste o sufriendo de depresión. Sin embargo, la realidad es que a menudo no podemos decir quién está en medio de un episodio depresivo sólo por sus expresiones faciales. Una persona puede parecer la vida de la fiesta, pero al regresar a casa, sus sonrisas desaparecen y el vacío dentro de ellos regresa. En lugar de admitir que hay algo malo, las personas que están deprimidas normalmente ocultan sus sentimientos en público, sólo para volver a la desesperación de sus vidas cuando están solas.

No hay una sola imagen que abarque todos los sentimientos y emociones que están conectados a la depresión. No puedes simplemente mirar a alguien y entender los sentimientos y emociones que están experimentando. De hecho, muchos se enfrentan cubriendo su desesperación con una sonrisa.

Para captar las profundidades de la depresión, necesitamos reconocer las funciones de nuestros sentimientos y emociones, que se llevan a cabo en la vida diaria a través de nuestros pensamientos y comportamientos. Nuestra autoestima está relacionada con nuestros sentimientos y emociones y es un importante impulsor de la depresión.

AUTOESTIMA

La autoestima se relaciona con la percepción de usted mismo e incluye su sentido general de autoestima. Tener alta autoestima significa que cree que es una persona con buenas características y valores. Sin embargo, incluso las personas altamente exitosas pueden tener una autoestima muy baja. La autoestima es esencial para nuestro bienestar mental. Las personas con una autoestima saludable son resistentes y tienen las habilidades para manejar situaciones difíciles.

Una autoestima saludable significa que usted mismo se gusta y se valora independientemente de las imperfecciones que lo hacen humano. La autoestima saludable es muy diferente de alguien que tiene un sentido de sí mismo tan inflado que debe llamarse narcisista. Las personas que son narcisistas sobreestiman su atractivo e inteligencia, carecen de vergüenza y tienden a ser muy competitivas. Son lo opuesto a una persona con alta autoestima, ya que no reconocen abiertamente que no son perfectas. Por el contrario, alguien con alta autoestima reconocerá que hay áreas de su personalidad que quieren cambiar o mejorar. Las personas con una autoestima saludable son optimistas, son más propensas a estar satisfechas con sus vidas y experimentan tasas más bajas de depresión, inutilidad y hostilidad.[50]

Por el contrario, las personas con baja autoestima tienen una visión baja o negativa de sí mismas. Es probable que devalúen su apariencia, juicio, inteligencia y la mayoría de los aspectos de sus vidas. Las personas con baja autoestima a menudo carecen de confianza y se sienten mal por quiénes son. Como resultado, no manejan bien las críticas, tendiendo a retirarse o ser hostiles cuando se les da retroalimentación.

Durante muchos años, los investigadores creían que había un vínculo entre la baja autoestima y la depresión, pero no estaban seguros de la naturaleza de esa conexión. Ahora sabemos que este vínculo existe, y es más fuerte de lo que algunos imaginan. Un estudio reciente de metanálisis analizó 77 estudios de depresión y concluyó que la baja autoestima predijo depresión.[51] Sin embargo, muchos cuestionaron si esas constataciones sólo eran pertinentes para las personas en los Estados Unidos o si también se aplicaban a personas de otros países.

Los investigadores Bleidorn, Arslan y otros[52] trabajaron para responder a esta pregunta fundamental de si la autoestima era un concepto válido en todas las culturas. En su estudio, utilizaron una muestra de Internet de 985.937 personas de 16 a 45 años en 48 naciones para responder a esta pregunta. Después de analizar las respuestas de las personas que vivían en las Américas, encontraron que los resultados eran, en muchos sentidos, sorprendentemente consistentes. A lo largo de las Américas, los hombres tenían niveles más altos de autoestima que las mujeres, independientemente de su edad. La principal diferencia entre los Estados Unidos y el resto de las Américas estaba relacionada con cómo la autoestima de las personas cambiaba a medida que crecían. La autoestima aumentó de 16 a 50 años, excepto en los Estados Unidos, donde se mantuvo constante independientemente de la edad.

Mientras que la baja autoestima ciertamente no es propicia para el bienestar mental, un aumento de la autoestima se ha encontrado ser beneficioso para mejorar los síntomas depresivos.[53] Si bien ahora entendemos la importancia de la autoestima para nuestro bienestar mental, nuestro próximo desafío es entender cómo fortalecerlo. Fundamentalmente, necesitamos entender qué da forma a nuestra autoestima. ¿De dónde viene? Sabemos que la cultura y la sociedad, nuestro trabajo y nuestras relaciones son algunos de los factores que dan forma a la autoestima.

Cultura y Sociedad

La cultura está más allá del lenguaje: define nuestras rutinas diarias, las formas en que comemos, nuestro arte y nuestra música, nuestros valores y casi todos los demás aspectos de nuestras vidas. La cultura influye en los eventos que celebramos y en las cosas que evitamos. Contiene tanto mitos como realidades, que se transmiten a través de las lecciones que aprendemos y afectan nuestras percepciones de nosotros mismos y de los demás. Por ejemplo, la cultura de los Estados Unidos se basa en la creencia del poder del individuo y, en consecuencia, pone un alto valor al individualismo escabroso. En muchos otros países, los valores están más centrados en la comunidad.

Todo, desde imágenes de los medios de comunicación hasta informes policiales, enfatiza el hecho de que la cultura dominante de los Estados Unidos valora a algunas personas más que a otras. Generalmente, aquellos que no son hispanos, blancos, masculinos, altos y delgados son vistos en una luz más positiva. Cuantas más de esas características tengas, más positivamente te ve la sociedad. Cuanto menos de esas características tengas, más probabilidades tendrás de ser percibido de forma negativa. Algunos de estos mensajes negativos son sutiles, pero muchos no lo son. A pesar de todo, pueden resultar en marginación e incluso daño físico. Ser devaluado o infravalorado por la cultura dominante de su país tiene un efecto importante en la autoestima de una persona.

El contexto en el que se desarrolla la cultura puede ser muy provocativo y tiene un impacto entre generaciones. Se han escrito muchos textos sobre los efectos de la esclavitud en generaciones del sentido de pertenencia y autoestima de los afroamericanos. La historia de esclavitud de los Estados Unidos, así como la opresión que continuó después, todavía reverbera en las vidas de los afroamericanos. Cuando se trata de hispanos o latinos, su relación con la cultura de los Estados Unidos es compleja y comprometida por varias razones, algunas de las cuales no son tan obvias como se podría pensar.

Los hispanos pueden rastrear su herencia a numerosos lugares. La historia familiar de cada persona sigue su propio camino único para ser parte de los Estados Unidos. En Nuevo México, hay hispanos que pueden rastrear su linaje 500 años atrás a los primeros colonos españoles en el continente, y algunos incluso tienen las concesiones de tierras para probarlo. Otras familias llegaron de diversas maneras: algunas como inmigrantes legales, refugiados, trabajadores indocumentados y a través de otros programas de trabajo. Luego están las familias que rastrean su patrimonio hasta los resultados de la guerra, como el Tratado de Hidalgo[54] de 1848 o la Guerra hispano-estadounidense[55] de 1898 o la compra de Luisiana.[56] Como resultado, la gente en el suroeste y el oeste, así como los puertorriqueños, pueden afirmar: "No cruzamos la frontera, la frontera nos cruzó".

Muchas personas en los Estados Unidos no son conscientes de estos acontecimientos históricos, porque la única historia que se les enseñó fue la de las trece colonias. La mayoría de las lecciones de historia en los Estados Unidos son narrativas que perpetúan la animosidad inglesa hacia los españoles.[57] Como resultado, generaciones han desarrollado una actitud de superioridad y una creencia en un destino manifiesto estadounidense hacia México, América Latina y personas de origen hispanohablante.

Más recientemente, la acritud hacia los hispanos surgió en

discusiones sobre inmigración y servicios bilingües. Cuando los líderes políticos difamaron a los hispanos, la mayoría de las personas que alzaban la voz en las protestas eran hispanas. Algunos hispanos, sin embargo, permanecieron en silencio porque ellos también fueron el producto de la historia distorsionada que la mayoría de los estadounidenses fueron enseñados. Cuando el mismo liderazgo obligó a los niños hispanos que buscaban asilo en jaulas, la protesta pública era relativamente tenue. Era evidente que la cultura dominante de los Estados Unidos había extendido una actitud tan negativa hacia los hispanos que se permitiría un comportamiento tan horrible.

El impacto de eventos devastadores como estos en la autoestima de los hispanos ha sido sustancial. La percepción y la realidad de la comunidad hispana de no ser valorada crea un tipo diferente de estrés y produce efectos duraderos a medida que la gente trata de adaptarse a la cultura de los Estados Unidos. Irónicamente, la primera generación de personas nacidas en los Estados Unidos, constantemente enfrentan más problemas: saben que pertenecen, pero los Estados Unidos, el país de su nacimiento, señalan lo contrario.

Es aún más difícil desarrollar una autoestima saludable cuando pocos modelos positivos se parecen a usted. Esta sensación de ser diferente crea un estrés significativo. Los investigadores han informado de que se correlaciona constantemente con problemas para dormir, que es un factor importante en la causa de la depresión.[58] El estrés producido por tratar de adaptarse a una cultura intolerante es perjudicial para la salud física de una persona, también es probable que intensifique los síntomas depresivos. Y las personas que sienten que no son valoradas, a quienes se les dan señales sociales de que son diferentes y no pertenecen, es probable que se vean a sí mismas como "Ni de aquí, ni de allá." Por todas estas razones, las altas tasas de depresión entre los hispanos no son sorprendentes.

Trabajo

La gente pasa la mayor parte de sus horas de vigilia trabajando, ya sea en casa o en otro lugar. Como resultado, el trabajo termina siendo la plataforma donde reunimos evidencia que puede fortalecer o debilitar nuestra autoestima.

El trabajo que hacemos y nuestros sentimientos sobre nuestro trabajo son importantes contribuyentes a nuestra autoestima. A veces, esto sucede de maneras que no entendemos. Sin embargo, sabemos que participar en un trabajo que disfrutamos y nos sentimos bien, construye la autoestima de una persona. La evidencia muestra que las personas más felices realizan un trabajo que les resulta gratificante,[59] por lo que tal vez simplemente se pueda concluir que cuando hacemos lo que disfrutamos, estamos menos estresados, lo que conduce a tasas más bajas de depresión.

En última instancia, el trabajo es respetado y valorado en todas sus iteraciones, incluyendo el trabajo que se realiza en el hogar. También valoramos cada vez más el trabajo no remunerado, y varios estudios han demostrado que las personas que son voluntarias son psicológicamente más felices y físicamente más saludables que aquellas que no son voluntarias.

Mientras que algunas profesiones pueden ser vistas como más prestigiosas que otras, el valor de los diferentes tipos de trabajo es una métrica en evolución.

La pandemia del COVID-19 destacó que los trabajadores esenciales están presentes en una amplia gama de ocupaciones y profesiones. Las personas que una vez consideraron que su trabajo era simplemente un trabajo se dieron cuenta de que su trabajo desempeñaba un papel integral en el tejido de la sociedad. Otros aprendieron que habían subestimado enormemente la necesidad de la sociedad para el trabajo que hacían. La autoestima de cada persona tuvo que ser realineada con lo que aprendió sobre el trabajo que hicieron.

Relaciones

La autoestima se desarrolla primero en un contexto familiar. Nos damos cuenta de que muchas más familias de las que nos gustaría admitir no cultivan el tipo de ambiente que fomenta la autoestima saludable. Algunas personas incluso hacen girar fantasías sobre las relaciones que tienen con los miembros de la familia con el fin de fingir que todo está bien.

La importancia de la familia (familiares de sangre o no) y de estar conectado con los demás está bien documentada. Las comunidades de todo el mundo encuentran consuelo en sus familias extendidas para no sólo ayudarles a sobrevivir en tiempos difíciles, sino también para celebrar todos los acontecimientos en sus vidas. El valor de la familia como fuente de apoyo y nutrición es esencial para todas las sociedades.

La autoestima se desarrolla a través del amor y el sentimiento de ser apreciado. Los hallazgos de 40 estudios enfatizan que los padres con alta autoestima muestran interacciones más positivas con sus hijos.[60] Como resultado, no es sorprendente que los padres con una autoestima saludable sean más propensos a producir una autoestima saludable en sus hijos.

En algunas familias, el contraste en los valores entre su herencia orientada a la comunidad y el individualismo dominante en los Estados Unidos presenta desafíos únicos para las relaciones familiares.[61,62] Sin embargo, los fuertes lazos familiares no siempre son tan solidarios como pensaríamos. Calzada y Sales[63] estudiaron a 175 madres de origen mexicano y encontraron que el *familismo* más fuerte (un fuerte sentido de identificación y lealtad a la familia nuclear y extendida) en realidad aumentó el riesgo de depresión posterior.

Sus sentimientos, emociones y autoestima crean una ventana que revela cómo la depresión puede afectar su mente y su espíritu. Hay muchos desafíos para desarrollar una autoestima saludable, pero usted puede tomar varias acciones por su cuenta para prevenir o incluso levantar la niebla de la depresión.

LO QUE PUEDE HACER POR SU CUENTA

omo hemos visto, la depresión cubre una serie de condiciones que se desencadenan por una variedad de factores. Si bien hay una serie de opciones de tratamientos disponibles (ver el siguiente capítulo), también puede tomar muchas acciones por su cuenta. Algunos de estos son con los que ya está familiarizado. Es necesario reafirmarlos, aplicarlos y seguirlos de manera coherente. Los conceptos básicos de la vida deben abordarse de una manera sencilla que le haga más fuerte y resistente. Cuando se enfrenta a dudas en su vida, puede usar las siguientes auto-declaraciones para guiarse en el fortalecimiento de su cuerpo, mente y espíritu: abrazar lo bueno, abstenerte de lo tóxico y disfrutar de las olas.

LO BUENO

"Abrazar lo bueno" significa que reconocemos que hay aspectos buenos y malos en todo y que nada es perfecto. Cada encuentro puede tener un lado positivo y un lado negativo. Para adoptar este concepto, primero tenemos que ordenar los elementos que promueven nuestro bienestar. Esto es difícil de hacer porque a menudo cuando nos acercamos a situaciones lo hacemos sin pensar mucho. Confiamos en las experiencias que hemos tenido en el pasado, así como en las lecciones que hemos recopilado a lo largo de nuestra vida. Seguimos los patrones de nuestros hábitos porque son los más familiares para nosotros. Algunas de estas acciones son conscientes, y otras son inconscientes. Algunos hábitos pueden no ser los mejores para nosotros, pero como son una pista familiar, pueden anular nuestro mejor juicio.

La auto-declaración "abrazar lo bueno" nos guía a hacer una pausa, pensar y estar agradecidos. La evidencia muestra que la gratitud está positivamente asociada con la salud y el bienestar en una amplia variedad de situaciones. Afortunadamente para los latinoamericanos, investigaciones recientes informaron que tenían una mayor disposición hacia la gratitud, que se asoció con una mayor autoestima y menos soledad.[64]

"Abrazar el bien" no significa que abracemos lo que es bueno durante un largo período de tiempo. Demasiada cosa buena puede ser sofocante, demasiado indulgente e, irónicamente, simplemente no es bueno para usted. Estas son algunas áreas clave:

Buenas Relaciones

La primera relación que necesita abrazar y sentirse bien al respecto es la que tiene con usted mismo. Esto significa que se valora a sí mismo por quién es y que es capaz de tener expectativas realistas para usted mismo. La autoestima crece a partir de sus experiencias. Cuando su autoestima está justificada, disfruta del bienestar mental y da un paso importante hacia la reducción de la probabilidad de que se deprimas.

La autoestima también está entrelazada con la capacidad de enfrentar el estrés de situaciones difíciles y llegar a un lugar más saludable en su vida. Esta capacidad se denomina resiliencia. La combinación de autoestima y *resiliencia* hace posible superar tiempos difíciles.

La autoestima hace posible que desarrolle límites saludables entre usted y los demás. Abrazar lo bueno significa que a veces dice que sí, pero también debe ser capaz de decir que no.

Un corolario importante es que las personas con una autoestima saludable son tan propensas a decir que tienen un problema como para reconocer que un problema no es suyo. La propiedad de problemas, que es su conciencia de si un problema es suyo o de otra persona, es clave para tener una autoestima saludable. Establecer límites saludables está fortificado por la capacidad de uno para evaluar con precisión dónde se encuentra realmente el problema. No se trata de decir: "Ese no es mi problema", sino de afirmar que a veces una situación no está dentro de su ámbito de responsabilidad y control.

Sentirse bien consigo mismo le permite construir relaciones basadas en valores comunes, no porque esté tratando de compensar los sentimientos de ineptitud. Las conexiones saludables son clave para evitar o disminuir los efectos de la depresión. En una relación saludable, ambos participantes dan y reciben de una manera que hace que todos sientan que son atendidos, valorados y respetados.

Su capacidad para sentirse bien acerca de quién es usted y su capacidad para hacer el bien son los primeros pasos para cultivar relaciones saludables. Un tema recurrente en los hallazgos de investigación es que las buenas relaciones son esenciales para nuestra salud física y mental. Hay muchos beneficios para tener una red social activa, y aunque estas redes son más comunes entre las mujeres, también pueden mejorar la vida de los hombres.

Adoptar el bien en las relaciones también puede protegerlo de la depresión y muchas otras condiciones. La importancia de las relaciones saludables se destacó aún más en el Estudio de Mujeres Saludables,[65] que encontró que la alta satisfacción conyugal aumenta la probabilidad de buenos resultados de salud. Las mujeres que calificaron sus relaciones en lo alto en cuanto a satisfacción tenían niveles más bajos de factores de riesgo biológicos, de estilo de vida y psicosociales. Por el contrario, un matrimonio mal calificado era un mejor predictor de la muerte cardiovascular en las mujeres que en los hombres. Sobre la base de estos datos, se determinó que las mujeres experimentaron más respuestas fisiológicas a conflictos matrimoniales o desacuerdos que los hombres.

Cada vez hay más pruebas de que la participación religiosa tiene un impacto positivo en la vida de una persona.[66] Si bien muchos de nosotros entendemos que la fe es importante para nosotros, a veces hay una presión social considerable para devaluar el impacto de la fe con respecto a nuestra salud mental. Inicialmente, los investigadores afirmaron que las personas se sentían mejor cuando practicaban activamente su religión porque fomentaba y ponía en refuerzo los lazos sociales. Un análisis más profundo de la información de este estudio mostró que, independientemente de los factores que tuviera en cuenta, la participación en actividades religiosas tuvo un efecto positivo en la depresión tanto en hombres como en mujeres.[67] Además, en investigaciones posteriores parecía que, por razones que no podían ser identificadas, la participación religiosa ayudó a reducir el estrés experimentado por los inmigrantes más recientes a los Estados Unidos.[68]

Sabemos que la asistencia frecuente a los servicios religiosos entre los profesionales de la salud se asocia con un menor riesgo posterior de muerte por drogas, alcohol y suicidio.[69] Estos hallazgos sugieren que existe una correlación entre la asistencia frecuente a los servicios religiosos y la reducción del riesgo de muerte posterior por desesperación. En este estudio de 66.492 enfermeras registradas y 43.141 profesionales de la salud masculinos en los Estados Unidos, la asistencia a los servicios religiosos al menos una vez por semana se asoció con un 68% menos de peligro de muerte por desesperación entre las mujeres y un 33% menos de peligro entre los hombres, en comparación con aquellos que nunca asistieron a los servicios. El papel positivo de la fe es evidente.

El mayor desafío es hacer lo obvio: fomentar relaciones saludables con nosotros mismos y con los demás. Esto significaba que teníamos que acercarnos a nuestra vida laboral y a nuestra vida en casa de una manera diferente.

Con la aparición de COVID-19, las personas se vieron abrumadas porque la ansiedad junto con la depresión, especialmente a nivel comunitario, era generalizada. La elección de salir de casa o quedarse dentro ya no fue nuestra decisión. En cambio, tuvimos que repensar nuestras relaciones más íntimas, así como las que estaban tensas. Y la posibilidad de otra ola de mandatos de "quedarse en casa" significaba que teníamos que acercarnos tanto a nuestro trabajo como a nuestra vida en casa de maneras nuevas e inesperadas.

Antes del brote COVID-19, la gente trabajó muy duro para lograr el equilibrio entre la vida laboral y la vida personal, pero pocos lo hicieron. La mayoría de nosotros nos sentimos como si viviéramos en una sierra perpetua: no sólo requería trabajo adicional para lograr este equilibrio, sino que no era muy divertido esforzarse por estar perfectamente equilibrado. Parecía que cuanto más intentamos lograr un equilibrio entre la vida laboral y la vida personal, más obstáculos se nos arrojaban en el camino. Algunas personas se dieron por vencidas, mientras que otras lograron una relación entre la vida laboral y la vida personal porque tenían los medios para contratar a otras personas para hacer ciertas partes de su trabajo. Innumerables otros se deprimen. Para muchos, el concepto de equilibrio entre la vida laboral y la vida útil era un retroceso a otra época en la que la gente tenía vidas muy compartimentadas.

Cuando examinamos toda la frustración generada por el esfuerzo por la meta imposible de un equilibrio entre la vida laboral y personal, queda claro que este camino nos alejará de la verdadera felicidad y realización. Tanto la tecnología como el empleo han cambiado drásticamente, y se debe crear un nuevo modelo para alinearse con los estilos de vida actuales y futuros de las personas. Ahora se espera que las personas estén disponibles las 24 horas del día, los 7 días de la semana, al mismo tiempo que mantienen una vida familiar saludable. ¿Cómo se puede lograr esto? La respuesta está en la evaluación de cada persona de (1) las demandas de su trabajo, (2) su capacidad para cambiar mentalmente de canales y (3) su necesidad de tiempo tranquilo. Necesitamos crear para nosotros un modelo que no se trata de equilibrio, sino de la sana integración de la vida laboral y familiar.

Buena Comida

Abrazar lo bueno significa que reconoces que los alimentos que comes son para nutrición y energía. Sin embargo, es igual de importante disfrutar de sus diversos sabores y texturas. Comer sin pensar es simplemente un desperdicio de calorías y dinero; en su lugar, la comida que entra en la boca debe ser agradable de comer y buena para su cuerpo. Del mismo modo, las cosas que bebemos también deberían ser buenas para nosotros. Nuestros cuerpos están hechos en su mayoría de agua, y necesitamos mantenernos bien hidratados para optimizar nuestras funciones corporales.

¿Cómo saber lo que es buena comida? Probablemente ya sabe la respuesta a eso: la mayoría de nosotros sabemos lo que es bueno para nosotros y lo que no lo es. Las frutas frescas, verduras, frijoles, alimentos sin procesar, cereales integrales, arroz, pasta e incluso carne roja (sin hormonas ni antibióticos añadidos), leche, mantequilla y queso deben ser acogidas en las cantidades que son razonables para usted en este momento de su vida. Con cada año que pasa, en realidad necesita comer menos calorías no solo porque su metabolismo se ralentiza, sino también porque las personas se vuelven menos activas con el tiempo. Quiere comer lo que necesita; cuando come más de lo que su cuerpo necesita, gana peso.

En caso de que no sepa si un determinado alimento es bueno para usted, hay muchas maneras convenientes de obtener esta información. Las etiquetas de los alimentos envasados y, cada vez más, los artículos de los menús de los restaurantes proporcionan la información nutricional de su comida. No puedo empezar a decirle el número de veces que pensé que una botella pequeña de jugo era una porción hasta que leí la etiqueta y descubrí que eran dos o más porciones. Aún peor, en un momento pensé que estaba bebiendo jugo cuando resultó ser agua que estaba cargada de azúcar. Me tomó un momento darme cuenta de que un vaso de 8 onzas, que es bastante pequeño, contenía 35 gramos de azúcar. Eso significaba que tenía casi 9 cucharaditas de azúcar en un vaso pequeño (4 gramos de azúcar es lo mismo que 1 cucharadita de azúcar). Sé que necesitamos un poco de azúcar para nuestros cuerpos, pero eso fue demasiado. Para ahorrar dinero y calorías, beba agua corriente. El agua es mucho mejor para usted.

Buena Medicina

También debe tomar los medicamentos que su proveedor de atención médica le receta. Es igual de importante tener claro *cómo* tomar los medicamentos recetados para usted. Con demasiada frecuencia las personas llenan sus recetas y simplemente miran con qué frecuencia deben tomar sus medicamentos y cuánto cada vez. También tenga en cuenta las instrucciones específicas sobre cómo tomar su medicamento, por ejemplo, con agua o con o sin alimentos. Sean cuales sean las instrucciones, asegúrese de entenderlas y seguirlas. Si no entiende cómo y cuándo debe tomar su medicamento, pregunte a un farmacéutico. Es mejor hacer preguntas a que el medicamento no funcione porque lo está tomando incorrectamente.

Si está tomando más de un medicamento, use cualquier sistema que funcione para usted (como un cuaderno, una aplicación o un calendario) para realizar un seguimiento de cuándo toma cada uno de sus medicamentos. Esta será información útil para que usted sepa y tenga para su próxima visita a su proveedor de atención médica.

Buenos Movimientos

Acoger lo bueno a veces significa hacer lo que quizás no le guste. Mi madre trabajaba en una fábrica, pero todos los días se levantaba y hacía ejercicio durante 20 minutos antes de que comenzara su duro día de trabajo. Los fines de semana, intentaba que me uniera a ella. Debo admitir que incluso cuando tenía cinco años, no me gustaba hacer ejercicio. Todavía no me gusta hacer ejercicio, pero lo hago de todos modos porque sé que es bueno para mí.

Los muchos beneficios del movimiento hacen que sea fundamental que participemos en la actividad física de nuestros músculos y articulaciones. El ejercicio regular también es extremadamente beneficioso para nuestro bienestar mental.

Cuando se trata de depresión, hay evidencia muy fuerte de que el ejercicio es un medio para prevenir enfermedades y que tiene beneficios terapéuticos.

Si bien el ejercicio es bueno para todos, es particularmente beneficioso para las personas que están deprimidas. Las explicaciones para estos buenos resultados van desde el impacto del ejercicio en los niveles de serotonina para mejorar el sueño. El ejercicio no sólo es bueno para nuestros músculos y huesos, sino que también beneficia a cualquier otra parte de nuestro cuerpo, incluyendo nuestro cerebro.

Aunque puede buscar inspiración en otros, también debe ser realista acerca de lo que realmente hará. ¿Significa esto que tiene que correr una maratón o competir en un triatlón Ironman? Si puede hacerlo de una manera saludable, está bien. Pero la mayoría de nosotros necesita encontrar alguna actividad física que podamos trabajar en nuestra vida diaria. En este punto, usted puede sentir que usted no tiene suficiente tiempo para dedicar a horas de ejercicio, y eso está perfectamente bien. El significado de "abrazar lo bueno" es que hace tiempo para actividades que son buenas para usted, y el movimiento es definitivamente uno de ellos.

El tipo de actividad que realice también variará según su edad. En varias etapas de su vida, lo más probable es que tome diferentes decisiones. Tal vez cuando estaba en su adolescencia, le gustaba practicar deportes de equipo. Más tarde en su vida, cuando se hizo más difícil reunir a un grupo, es posible que haya preferido andar en bicicleta o dar un paseo. Algunos de nosotros podemos ser bailarines de toda la vida y saber que no siempre necesita un compañero. A pesar de todo, el propósito del movimiento es mantenerse lo más activo posible. Eso no significa que tenga que realizar la misma actividad cada vez.

Con demasiada frecuencia, encontramos mujeres estirando y hombres levantando pesas cuando en realidad, todos necesitamos hacer algunas de las dos cosas. Para todos, la mejor actividad física tendrá variedad y atraerá cada parte de su cuerpo. Esto significa que todos necesitamos construir nuestra resistencia a través de cardio, mejorar nuestra flexibilidad estirando, y ganar fuerza levantando pesas.

Y cuando nos dedicamos a la actividad de nuestra elección, lo hacemos en el nivel en el que nos encontramos en este momento. Las personas tienden a intentar reiniciar una actividad que disfrutaron en sus años más jóvenes, tratando de retomar donde habían dejado años antes. Sin embargo, a menudo exageran y se lastiman a sí mismos. Usted no debe esperar estar inmediatamente al mismo nivel que cuando lo dejó. Y, por supuesto, antes de agregar nuevos movimientos y actividad a su rutina, asegúrese de hablar con su proveedor de atención médica para determinar si hay consideraciones especiales que necesita tener en cuenta.

La actividad es tan buena para todos nosotros. Mientras que existe una amplia variedad de teorías sobre por qué la actividad funciona tan bien para manejar la depresión, la toma es que todos tenemos que averiguar cómo hacerla parte de nuestras vidas.

Dormir es Bueno

"Abrace el dormir" reconoce la importancia de dormir para el bienestar mental y físico. En 2020, se publicaron al menos 10 nuevos libros que se centraron en el sueño. Cada libro tomó un enfoque diferente, pero todos compartían un tema común con respecto a la importancia del sueño para una buena salud. Dormir no debe ser una tarea que hagamos cuando todo lo demás se hace en nuestra lista de tareas pendientes. En cambio, el sueño debe ser parte de la planificación de nuestro día.

Algunos de nosotros creemos erróneamente que cuando dormimos, nuestros cuerpos no están haciendo nada que valga la pena. La verdad es todo lo contrario. Cuando duerme, su cuerpo continúa realizando funciones importantes, aunque esté en un estado diferente de conciencia. Mientras duerme, su cuerpo produce hormonas clave que son esenciales para su salud física y mental. Cuando no duerme lo suficiente o su sueño es de baja calidad, experimentará muchas consecuencias negativas. Por ejemplo, las mujeres son más propensas a tener un deseo sexual bajo u otros problemas sexuales si no duermen adecuadamente. Cuando no dormimos lo suficiente, ganamos peso, nos deprimimos y no podemos pensar tan claramente. El sueño es restaurador de nuestro cuerpo, mente y espíritu.

La suficiencia y la adecuación del sueño son temas críticos en la discusión científica debido a las funciones biológicas esenciales que ocurren cuando una persona duerme, así como las consecuencias negativas cuando alguien no duerme lo suficiente. Ahora hay entrenadores para ayudar a las personas a dormir, y algunos hoteles incluso ofrecen una variedad de almohadas para mejorar las experiencias de sueño de los huéspedes.

La cantidad de sueño que realmente necesita varía según la edad (ver la tabla a continuación).[70] Cada vez hay más evidencia de que, para la mayoría de las personas, dormir sólo de cuatro a cinco horas por noche causa consecuencias negativas en sus funciones corporales y su química cerebral.

Edad	Cantidad de Sueño Apropiada
Recién Nacidos (0-3 meses):	14-17 horas
Infantes (4-11 meses):	12-15 horas
Niños (1-2 años):	11-14 horas
En preescolar (3-5 años):	10-13 horas
Niños de Escuela (6-13 años):	9-11 horas
Adolescentes (14-17 años):	8-10 horas
Adultos jóvenes (18-25 años):	7-9 horas
Adultos (26-64 años):	7-9 horas
Adultos Mayores (65+ años):	7-8 horas

Recuerde que cuando no duerme bien, todo su cuerpo se lanza a un estado de confusión porque un cuerpo sano funciona en un ciclo regular de 24 horas de cambios físicos, mentales y conductuales que responden principalmente a la luz y la oscuridad. Este ciclo regular se llama su ritmo circadiano, y es impulsado por los relojes biológicos en todo el cuerpo. Estos relojes biológicos son en realidad grupos de moléculas que interactúan en las células de todo el cuerpo. Su cerebro coordina todos los relojes internos de su cuerpo para que estén sincronizados. Cuando no están sincronizados, es más probable que tenga síntomas de depresión.

El sueño perturbado se encuentra en personas que experimentan depresión. No está claro cuál es lo primero: la alteración del sueño o la depresión. También sabemos que la falta de sueño es un factor de riesgo importante para la depresión, especialmente para las personas que trabajan turnos nocturnos porque permanecer despierto regularmente hasta tarde altera sus ritmos circadianos.

Los hallazgos recientes sugieren que la cantidad de luz a la que estás expuesto entre el anochecer y cuando se vas a dormir es muy importante. Parece que la luz artificial de las pantallas (televisión, computadora, videojuegos, teléfono celular, etc.), especialmente en la hora antes de ir a dormir, interrumpe la producción de hormonas asociadas con el sueño y altera sus ritmos circadianos.

Basado en las recomendaciones de la Fundación Nacional del Sueño, hay varias acciones específicas que puede tomar para aumentar la probabilidad de que usted tendrá una buena noche de sueño:

- *Mantenga un horario*: Cree un horario de sueño de cuándo necesita ir a dormir y cuándo necesita despertarse, incluso los fines de semana.
- *Cree una rutina*: Prepare su cuerpo para la cama creando y manteniendo un ritual o patrón de tiempo de sueño.
- *Reclame un espacio para dormir*: Trabaje para asegurarse de que la ubicación en la que duerme satisface sus necesidades en términos de temperatura, sonido y luz. Su área de dormir debe ser un santuario para usted. A veces esto es tan simple como cubrirse la cabeza con su sábana y fingir que escucha un sonido relajante.
- *Evitar ciertas sustancias*: Tenga cuidado con los ladrones de sueño, como el alcohol y la cafeína. Por la noche,

cuando esté cerca del momento en que quiera ir a dormir, evite los alimentos y bebidas con cafeína (esto incluye chocolate), comidas grandes y bebidas con alcohol.

También creo que otra consideración que puede ayudar a mejorar su sueño es saber que ha realizado un buen día de trabajo, que no ha hecho nada para ser hiriente a nadie más, y que tal vez lo que hizo hoy ayudó a otra persona. Las personas que se sienten bien acerca de lo que han hecho son capaces de dormir de manera que esté descansando para el cuerpo y el espíritu.

LO TÓXICO

Abrazar el bien no es suficiente para poner a una persona en el camino hacia la estabilidad y la alegría. También tiene que alejarse de lo tóxico. Muy a menudo lo que es más tóxico se presenta de una manera que tiene algún atractivo inmediato. Los alimentos tóxicos pueden saborearse deliciosos y abrumar nuestro juicio, como los alimentos procesados que son pesados en azúcar, sal y productos químicos que se utilizan específicamente para hacernos comer o beber en exceso. En cuanto a las relaciones, algunas personas usan sus encantos para manipular a los demás y obtener lo que quieren. Las cosas tóxicas pueden parecer inofensivas, pero a menudo son adictivas y no son buenas para nosotros. La eliminación de las cosas tóxicas debe ser abordada de una manera directa con el fin de mantenernos en el camino correcto.

El aspecto más difícil de las cosas tóxicas es que por lo general comienzan de una manera relativamente benigna, pero con el tiempo, consumen completamente al individuo. Su abrazo nunca libera su agarre, aferrándose a nosotros hasta que estamos impotentes y emocionalmente asfixiados. Las personas en situaciones tóxicas están en el camino hacia la depresión y otros problemas de salud.

Dada la forma en que es la vida, el mayor desafío es abstenerse de lo tóxico. No puede eliminar todo lo que es tóxico de su vida, por ejemplo, la suegra que visita, pero nunca intercambia una palabra amable con usted, o con el supervisor que nunca esté satisfecho con lo que usted hace. "Abstenerse de lo tóxico" significa que usted tiene que aprender a dar un paso atrás cuando sea necesario. Si se involucra con lo tóxico, puede consumirlo. Estos cambios requerirán un esfuerzo significativo, pero es necesario abstenerse de lo tóxico para evitar la depresión.

Estrés Tóxico

La vida se había vuelto muy complicada desde que se le había pedido a Yolanda que asestara nuevas responsabilidades en el trabajo. Todo en casa era igual. Yolanda se despertaba todas las mañanas y preparaba el desayuno para la familia, hacía tareas domésticas, se iba a trabajar, trabajaba un día completo y se apresuraba a casa a tiempo para hacer una cena que no fuera demasiado tarde. Después de la cena, ella limpiaba y se preparaba para el día siguiente. El día nunca parecía lo suficientemente largo como para hacer todo. Yolanda empezaba a sentir que el estrés estaba llegando a ella. Tratar de hacer todo lo que siempre hacía estaba empezando a llegar a ella de una manera que no podía entender. En el pasado parecía que siempre disfrutaba del estrés que provenía de su trabajo.

Cuando la vida cambia, necesitamos alterar las formas en que hacemos las cosas también. Yolanda asumió nuevas responsabilidades, pero no hizo ningún ajuste a su día. Mientras que un poco de estrés es bueno, demasiado estrés será perjudicial para usted en todos los sentidos. El principal problema aquí es que algunas personas no saben cómo evaluar cuánto estrés tienen. Así que a medida que el nivel de estrés aumenta lentamente, una persona simplemente lo soporta hasta que finalmente se convierte en demasiado para manejar.

Usted necesita reconocer su nivel de estrés aceptable, su nivel de estrés tolerable, y su zona de peligro. Cuando su estrés alcanza el nivel tolerable, debe marcar la situación de nuevo. Si bien es posible que no pueda controlar completamente la situación, puede retroceder de ella. En el caso de Yolanda, se acercaba a la zona de peligro y necesitaba pedir a los demás miembros de su casa que le ayudaran.

Las formas en que manejamos el estrés van a lo largo de los parámetros de "lucha o huye" o "cuida y haz amistad". Durante muchos años, la lucha o la huida fue la única explicación sobre cómo la gente manejaba el estrés. Específicamente, cuando recibía señales de estrés, su cuerpo le prepararía para quedarse a luchar o huir para salir de la situación. La mayoría de estos datos se basaron en estudios de hombres. Investigaciones posteriores documentaron que las mujeres que enfrentan estrés generalmente usan la estrategia de "cuida y haz amistad" en lugar de "luchar o huir". Según estos hallazgos, cuando las mujeres están bajo estrés, dependen de sus redes sociales para recibir apoyo. Ahora sabemos que los hombres también tienen comportamientos de cuida y haz amistad. Investigaciones recientes sugieren que las mujeres prefieren las respuestas de cuidar, hacerse amigas y de huir, mientras que los hombres participan en más respuestas de lucha que las mujeres.[71] Los hombres y las mujeres no tienen necesariamente dos estrategias diferentes en respuesta al estrés. De hecho, es más probable que la respuesta de cada individuo a eventos estresantes se guíe por la situación. Si alguien está a punto de ser atacado físicamente, entonces "cuida y haz amistad" ciertamente no sería en el mejor interés de la persona. No importa qué estrategia alguien decida seguir, la realidad es que cuando experimente un aumento en el estrés, su cuerpo seguirá produciendo más cortisol. Y eso no es bueno porque el aumento de los niveles de cortisol hace que sea más difícil para las células inmunitarias funcionar correctamente.

Todos tenemos algo de estrés en nuestras vidas, y hasta cierto punto el estrés es bueno: sirve como un motivador y nos ayuda a mantener nuestros sentidos agudos. Sin embargo, permitir que el estrés se construya simplemente afrontándolo no es tan útil como suena. Los investigadores en el campo de la genómica social han confirmado que la adversidad crónica, como el estrés, afecta el sistema inmunitario a nivel molecular. El estrés hace que el cuerpo libere sustancias químicas en el cerebro que crean problemas para la persona.

Relaciones Tóxicas

La relación principal que tiene es con usted mismo. Su autoimagen es lo que impulsa su autoestima. Si bien siempre hay espacio para mejorar, comience por no detenerse en declaraciones negativas sobre usted. Claro, ha cometido errores, pero centrarse en ellos no le ayuda. Aprenda lecciones de sus errores y deje caer cualquier pensamiento negativo que le haga sentir que es menos de lo que es. Con el fin de mantenerse saludable, usted tiene que celebrarse incluso con sus defectos.

Pero ¿cómo saber que una relación es tóxica? Hay algunos límites que colocan una relación en la zona tóxica: el abuso de cualquier tipo (físico, emocional o sexual) es inaceptable. Las personas que son abusadoras tienden a ser manipuladoras. Como un vampiro que busca una nueva víctima, los abusadores saben cómo poner en un buen frente con el fin de atraer a la siguiente persona que han seleccionado como su presa. Los abusadores están muy en sintonía con las vulnerabilidades de sus víctimas y utilizan esas vulnerabilidades para mantenerlas donde las desean. Esto ocurre si el abusador es un hombre o una mujer.

Era difícil ser amiga de Leonor, siempre era negativa y gruñóna. Para ella, el vaso no sólo estaba medio lleno, sino que también estaba goteando. Quería ser su amiga, pero sólo podía llevarla un poco a la vez. Su negatividad era totalmente agotadora.

Las relaciones tóxicas son las que drenan. No hay intercambio de experiencias positivas: sigue dando y dando y la otra persona no corresponde. Usted no necesariamente está esperando un intercambio uniforme o mantener un libro de contabilidad emocional; simplemente sientes que la persona está chupando energía de tu vida. Tome a la persona que siempre es necesitada o negativa: ellos saben cómo aferrarse a una persona amable y dadora que cumpla sus metas. Aunque su necesidad puede ser sutil y no demasiado exigente, sigue siendo increíblemente agotador.

Para un observador externo, parecería que alejarse de una relación tóxica debería ser fácil. Pero no es fácil. Las relaciones tóxicas a menudo se vuelven más difíciles de escapar a medida que la persona tóxica aprende a apoyarse en usted. Saben cómo manipular la situación para que sea difícil salir.

Creemos erróneamente que al centrar nuestro tiempo y energía en estas relaciones insalubres y darles la atención que desean, la persona mejorará. Pero ¿por qué debería pasar eso si están recibiendo lo que quieren? Si sus estrategias manipuladoras parecen funcionar, no tendrán ningún deseo de cambiar. Sólo las personas que quieren cambiar cambian. Independientemente de las demandas del individuo tóxico, siempre serán emocionalmente agotadores.

Las relaciones poco saludables son más exigentes y menos gratificantes que las saludables. Si quiere salvarse, a veces tiene que irse. En situaciones en las que no puede salir, la solución es establecer límites a la invasividad de los demás y cambiar las formas en que interactúa con ellos. Es esencial establecer límites saludables, y para protegerse, a veces hay que decir que no.

Comida

Mientras que algunos consideran que la comida es el enemigo, la realidad es que la comida es esencial para la vida. No puede renunciar a la comida; sólo tiene que considerar por qué come, lo que come y cómo come. Cuando come sin pensar, no le dará a su cuerpo el combustible que necesita para funcionar bien y, como resultado, no estará tan saludable como podría ser.

No toda la comida es buena para usted, y demasiada

comida impide que su cuerpo funcione bien. Con el fin de comer alimentos que sean mejor para usted, debe evitar los alimentos procesados. Un estudio de 2009 encontró que al final de cinco años, el grupo que comió más alimentos procesados era más propenso a la depresión que aquellos que comieron más alimentos enteros. [72]

Alcohol

> *"La cerveza es un símbolo de celebración, de refugio, es algo para curar la depresión, para tener en una fiesta, una boda, para beber en casa"* Luis Alberto Medina, presentador de un programa de radio en la ciudad norteña de Hermosillo.[73]

El alcohol no es una cura para la depresión. Desafortunadamente, el Sr. Medina refleja una creencia común pero incorrecta sobre la relación entre el alcohol y la depresión. No sólo el alcohol no es una cura, sino que las personas que tienen depresión corren el riesgo de desarrollar un trastorno por consumo de alcohol. Lo que puede comenzar como una manera aparentemente inofensiva de automedicarse puede terminar con consecuencias desastrosas. En 2018, el 26,45% de las personas de 18 años o más informaron que se dedicaban a beber en juergas en el mes pasado, y el 6,6% informó que se dedicaron al consumo excesivo de alcohol en el último mes.[74] El consumo de alcohol es generalizado.

El alcohol interfiere con las vías de comunicación del cerebro y puede afectar la forma en que este funciona. Estas interrupciones pueden cambiar el estado de ánimo y el comportamiento, lo que hace más difícil pensar con claridad y moverse con coordinación.[75] También es crucial tener en cuenta que el alcohol es una sustancia tóxica. En 2020, la Sociedad Americana del Cáncer cambió sus recomendaciones permisivas anteriores a "es mejor no beber alcohol".[76]

Una bebida es mucho menos de lo que la mayoría de la gente piensa, y muchas personas tienen que ser recordadas que la cerveza es alcohol. Una botella de 12 onzas de cerveza, una copa de 5 onzas de vino o un trago de 1 1/2 onza de licor duro son iguales a una bebida. Además, cuando pides una "bebida especial", hay dos o tres tragos diferentes en un vaso. Así que su vaso puede ser de dos o tres tragos.

En general, el consumo excesivo o pesado de alcohol es:

- Hombres que beben 15 o más tragos a la semana.
- Mujeres que beben 7 o más tragos a la semana.

El consumo excesivo de alcohol ocurre cuando las mujeres beben 4 o más bebidas o los hombres beben 5 o más en aproximadamente 2 horas. El consumo excesivo de alcohol puede indicar una vulnerabilidad al trastorno por consumo de alcohol. Si está deprimido, el consumo de alcohol puede conducir al abuso y la dependencia del alcohol, lo que hace que la depresión sea más difícil de tratar a largo plazo.

El Tabaco es Tóxico

Recuerde que la nicotina es un compuesto químico altamente adictivo presente en la planta de tabaco y que los productos de tabaco están diseñados para hacerle adicto. No es una manera de controlar la depresión. El humo del tabaco se compone de miles de productos químicos, incluidos al menos 70 que se sabe que causan cáncer.

Cuando inhala humo de un cigarrillo (independientemente de si usted u otra persona está fumando), esas toxinas entran en su cuerpo a través de los pulmones y son recogidas por glóbulos rojos que necesitan oxígeno. Esos glóbulos rojos transportan la sustancia tóxica a cada célula del cuerpo. Fumar e incluso estar cerca de los fumadores es malo porque introduce un producto químico tóxico en cada célula del cuerpo. Fumar no sólo interfiere con la eficacia de algunos medicamentos, sino que también es muy poco atractivo e incluso repugnante para algunos. Tenga en cuenta el viejo dicho: "Besar a un fumador es como lamer un cenicero".

El tabaco sin humo o el tabaco de mascar también son tóxicos. Según los Centros para el Control y la Prevención de Enfermedades, el tabaco sin humo puede conducir a la adicción a la nicotina; causa cáncer de boca, esófago y páncreas; y, puede aumentar los riesgos de parto temprano y mortinato cuando se usa durante el embarazo.

Marihuana y otras sustancias

Sean o no legales, estas sustancias interfieren con el funcionamiento del cerebro y no son un tratamiento para la depresión. Estamos empezando a documentar la forma en que estas sustancias juegan un papel crítico en la interrupción del cerebro. Algunas de estas sustancias pueden desencadenar los cambios en este que conducen a o empeoran la depresión.[77]

LAS OLAS

Trabajo tan duro para mantenerme a flote. Abrazo lo bueno, me abstengo de lo tóxico y aún así lo que veo es ola tras ola. Sólo quiero estar en el agua tranquila.

La vida son las olas. Para gestionar su vida y mantenerse a flote, necesita aprender a disfrutar de las olas. Antes de que se de cuenta, podrá lograrlo... e incluso puede aprender a surfear.

Los efectos devastadores del COVID-19 nos enseñaron a todos lo impredecible que podría ser la vida. En un momento, nuestra vida cambió de ir a actividades grupales a tener que quedarse en casa y no tener contacto con los demás. Durante ese tiempo, innumerables personas experimentaron una gran tristeza. Muchas personas estaban solas, y para algunos el silencio de la soledad era insoportable. La incertidumbre de lo que sucedería a continuación, la falta de ingresos y la necesidad de depender de los demás nos cambiaron para siempre. Aprendimos colectivamente que tal vez no nos hubieran gustado los cambios, pero aprendimos a adaptarnos a ellos.

Para sobrevivir tuvimos que hacer que la interrupción en nuestras vidas fuera transformadora. Las olas son parte de la vida.

AVANZANDO

Cuando se siente arrastrado en la dirección equivocada —y tendrá esos momentos de nuevo— necesita hacer una pausa y reconocer lo que está haciendo. Es natural deslizarse de vez en cuando, pero para entender cómo se siente y monitorear su depresión, necesita recuperar su enfoque y volver al programa.

Examine lo que está haciendo actualmente, lo que todavía necesita hacer y a dónde va. Si hace correcciones a medida que cambia la situación, manejará su vida de una manera que disminuya la probabilidad de depresión. Tiene que concentrarse en las cosas que se dice a sí mismo que tiene que hacer. No se trata de hacer listas de cosas que nunca se harán, sino de reconocer que debe abordar los diversos elementos que componen la vida para disfrutarla realmente.

Las formas en que experimenta depresión varían según su historia personal, los eventos desencadenantes y los recursos que tienes a mano. Su respuesta cuando usted o alguien que conoce está deprimido puede marcar la diferencia entre mejorar o hundirse más profundamente en la depresión.

Para controlar su depresión, es importante entender lo que tiene que hacer y no permitir que su mente vague por pensamientos desagradables o negativos. Necesita mantenerse concentrado en el presente para llegar a un lugar mejor. En el pasado, los investigadores creían que la tristeza hacía que la mente de la gente vagara. Investigaciones recientes han documentado que lo contrario realmente sucede - cuando su mente vaga, se vuelve infeliz. Mantenerse concentrado es bueno.

También tiene que descartar algunas ideas comunes sobre qué es la depresión, quién tiene depresión y cómo manejarla. Para seguir adelante, necesita saber y aceptar que hay acciones que puede tomar para reducir el riesgo de depresión, y que hay tratamiento para ello. Las cosas clave que debe recordar son simples, ya que son los conceptos básicos para una vida saludable para usted y su familia.

Por difícil que sea, debe hacer lo que mejorará su salud

mental y su bienestar. Tiene que ser más reflexivo sobre su vida y reorganizarse para el bienestar. Tendrá que repensar cómo pasa su tiempo y todos sus recursos. Lo más importante es que las tres auto declaraciones que necesitan enmarcar su vida diaria son: (1) abrazar lo bueno, (2) abstenerse de lo tóxico y (3) disfrutar de las olas.

Ciertamente no hay una solución que funcione en todos los casos y buscar apoyo profesional, tratamiento y orientación puede ser un excelente siguiente paso. Y recuerde que merece ser feliz y disfrutar de la vida.

OPCIONES PARA EL TRATAMIENTO DE LA DEPRESIÓN

Cuando quiere conocer los hechos, pregunte a las personas en las que confías y buscas respuestas en Internet. Hay tanta información en línea que toma mucho tiempo para pasar por todo y encontrar lo que es útil. También hay una gran cantidad de bombo y desinformación en Internet. Esta sección, en orden alfabético, es una síntesis de la información disponible para algunas de las formas más comunes de tratamiento y enfoques. No existe un enfoque único para el tratamiento; puede tomar ensayo y error para encontrar el tratamiento que funcione mejor para usted. La buena noticia es que una vez que lo haga, mejorará.

ENSAYOS CLÍNICOS

Aunque los ensayos clínicos no son una forma de tratamiento, proporcionan maneras para que algunos puedan acceder al tratamiento. Un ensayo clínico es un estudio de investigación biomédico o relacionado con la salud que tiene criterios específicos sobre a quién se le permitirá participar en el estudio de investigación, los tipos de tratamientos que se ofrecerán, y todos los detalles de lo que sucederá durante y después del estudio.

Cada estudio está diseñado para responder a preguntas específicas, por lo que los investigadores describen cuidadosamente las características que debe cumplir para estar en el estudio (criterios de inclusión) y las que le excluyen de la participación (criterios de exclusión). Algunos ejemplos de estos tipos de criterios son la edad, el sexo, el tipo y la gravedad de una enfermedad, los antecedentes de tratamiento previos y otras afecciones médicas.

¿Útil? Los ensayos clínicos son la única manera de determinar la eficacia de un tratamiento.

¿Preocupaciones? Una de las principales preocupaciones es obtener el consentimiento informado de todos los participantes en un ensayo clínico. Antes de aceptar ser participante, debe comprender todos los aspectos de lo que ha aceptado hacer. Usted y todos los demás posibles participantes deben recibir un documento escrito que incluya detalles sobre el propósito del estudio, cuánto durará el estudio, procedimientos requeridos, riesgos y beneficios potenciales, y contactos clave. El documento debe estar en el idioma que usted entiende. Después de leer el

documento y haber tenido alguna pregunta respondida, puede decidir si firmar o no el documento. Tenga en cuenta que el documento de consentimiento informado no es un contrato; puede retirarse de un ensayo clínico en cualquier momento.

MEDICACIÓN

Henry no tenía idea de cómo le ayudaría la medicación. Toda su vida se había sentido como si se estuviera ahogando en sentimientos de depresión. Había logrado tener éxito porque la gente sólo lo veía por períodos cortos. A sugerencia de su internista, Henry decidió probar algún medicamento. Empezó a tomar su medicación a regañadientes y después de unas semanas pudo sentir que algo era diferente. La medicación no lo hacía sentir feliz. Lo que sentía era muy inusual. Por primera vez, en lugar de profundizar en su depresión, sintió como si algo estuviera levantando su barbilla fuera del agua y sosteniéndola. Estas píldoras no lo hicieron feliz, pero le dieron apoyo añadido para que no se sintiera como si se estuviera ahogando. Podía mirar hacia arriba y ver que había una alternativa a ser inundado en su propia desesperación.

Los medicamentos para la depresión están formulados para mejorar la química en el cerebro. A partir de ahora, no hay manera de determinar qué medicamento funcionará mejor para una persona en particular y producir el menor número de efectos secundarios.

La depresión puede tratarse con medicamentos, como inhibidores selectivos de la recaptación de serotonina (ISRS), inhibidores de la recaptación de serotonina y noradrenalina

(IRSN) o inhibidores de la recaptación de noradrenalina y dopamina (RDA). Durante décadas, los ISRS fueron la primera opción para tratar la depresión.[78] Hoy en día, SNRI se prescriben más comúnmente porque tienen menos efectos secundarios. Las formas genéricas de estos medicamentos se enumeran a continuación con el nombre de marca entre paréntesis.

ISRS (SSRI por sus siglas en inglés): citalopram (Celexa), escitalopram (Lexapro), fluoxetina (Prozac), fluvoxamina (Luvox), paroxetina (Paxil) y sertralina (Zoloft). Algunos medicamentos similares incluyen: vilazodona (Viibryd) y vortioxetina (Trintellix anteriormente llamado Brintellix).

SNRI (SNRI por sus siglas en inglés): duloxetina (Cymbalta), venlafaxina (Effexor), desvenlafaxina ER (Khedezla), levomilnacipran (Fetzima), y desvenlafaxina (Pristiq).

NDRIs (NDRI por sus siglas en inglés): bupropión (Wellbutrin) Recientemente, la Administración de Alimentos y Medicamentos de los Estados Unidos (FDA) aprobó dos nuevos antidepresivos, la esketamina y la brexanolone. Estos no son medicamentos que usted toma por su cuenta. La esketamina parece tener efectos inmediatos con la depresión resistente al tratamiento y ayuda silenciando las ideas de suicidio.[79] La esketamina debe administrarse bajo la supervisión directa de un proveedor de atención médica y la persona normalmente tiene que permanecer en la oficina para observación durante 2 horas. El brexanolone se utiliza para la depresión posparto. Su estado de aprobación limita su entrega a ciertos centros de salud certificados y requiere que un paciente sea hospitalizado durante 60 horas. Su costo también es una preocupación.[80]

Las diferencias en las formas en que las personas responden

a los medicamentos también pueden ser una función de la edad, la velocidad a la que su cuerpo usa un medicamento, si toman su medicación de manera consistentemente, y otros factores. Por ejemplo, hay pruebas sólidas de que fumar afecta la forma en que su cuerpo puede usar los medicamentos que toma.

Una vez que comience a tomar un medicamento psicotrópico (es decir, un medicamento diseñado para tener un efecto en la mente y abordar condiciones como la depresión), debe hablar con su proveedor de atención médica si desea dejar de tomarlo.

Cuando le receten medicamentos para la depresión, asegúrese de hacer y anotar las respuestas a estas preguntas clave:

1. ¿Cuál es el nombre del medicamento que quiere que tome?
2. ¿Cuánto voy a tomar?
3. ¿Cuándo lo tomo?
4. ¿Hay alguna instrucción especial sobre cómo tomarlo?
5. ¿Cuánto tiempo tendré que tomarlo?
6. ¿Cuánto tiempo pasará antes de que empiece a funcionar?
7. ¿Qué pasa si olvido tomarlo?
8. ¿Hay algún efecto secundario del que debería preocuparme?
9. ¿Con qué frecuencia lo veré para mi medicación?
10. ¿Hay alguna interacción con los otros medicamentos, suplementos, tés y productos de venta libre que estoy tomando?

¿Útil? Según el Instituto Nacional de Salud Mental (NIMH por sus siglas en inglés), la medicación es más útil para alguien

que tiene depresión moderada a grave, según lo determinado por un proveedor de atención médica. Si bien no existe tal cosa como una "píldora feliz", puede controlar su depresión si toma el medicamento que es mejor para usted.

Por lo general, se tarda de dos a cuatro semanas de uso constante para saber si un medicamento funciona o no para usted. Si un medicamento no funciona, entonces su proveedor de atención médica puede recomendar uno diferente. Por lo general, cuando las personas necesitan cambiar de medicamento, son capaces de encontrar uno que funcione para ellos.

¿Preocupaciones? Los medicamentos más antiguos, como los tricíclicos y los inhibidores de la monoaminooxidasa (IMAO), pueden tener efectos secundarios graves y, por lo general, se evitan. Para maximizar los beneficios de su medicamento, también debe participar en la psicoterapia. Los efectos secundarios son siempre una preocupación, y un problema continuo es que algunas personas no toman sus medicamentos tan consistentemente como deberían.

MEDICINA COMPLEMENTARIA, ALTERNATIVA, FUNCIONAL O INTEGRATIVA

El Instituto Nacional de Salud Complementaria e Integrativa (NCCIH por sus siglas en inglés) forma parte de los Institutos Nacionales de Salud. La misión del NCCIH es definir, a través de una rigurosa investigación científica, la utilidad y seguridad de las intervenciones sanitarias complementarias e integradoras y sus funciones en la mejora de la salud y la atención sanitaria.

Según una encuesta nacional de 2012, muchos estadounidenses —más del 30% de los adultos— utilizan enfoques de atención médica que no suelen ser parte de la atención médica convencional o que pueden tener orígenes fuera de la práctica occidental habitual. Estos son algunos términos clave para entender mejor estas formas de medicina:

Medicina Complementaria: medicina convencional además de práctica no convencional. Los enfoques complementarios para la salud incluyen productos naturales y prácticas mentales y corporales.

Medicina Alternativa: una práctica no convencional que se utiliza en lugar de la medicina convencional.

Medicina Integrativa: una combinación de enfoques convencionales y complementarios de forma coordinada. Hace hincapié en un enfoque holístico y centrado en el paciente para la atención de la salud y el bienestar, a menudo incluyendo aspectos mentales, emocionales, funcionales, espirituales, sociales y comunitarios, y tratando a toda la persona en lugar, por ejemplo, de un sistema de órganos.

El NCCIH afirma que algunos enfoques complementarios, tales como las prácticas de curanderos tradicionales, medicina ayurvédica, medicina tradicional china, homeopatía, naturopatía, y medicina funcional, puede no encajar perfectamente en cualquiera de los grupos anteriores.

¿Útil? Hay una gran variabilidad en el grado de éxito para cada uno de los anteriormente mencionados. Hay evidencia de que la acupuntura, la musicoterapia y el yoga proporcionan cierto nivel de alivio con respecto a la depresión.

¿Preocupaciones? Los medios populares a menudo

promocionan estos, incluso en casos donde la medicina basada en la evidencia no ha demostrado su eficacia. Una mayor preocupación es que los limitados dólares de atención médica de una persona se desperdiciarán en productos que no cumplen lo que prometen.

PSICOTERAPIA (TERAPIA DE DIÁLOGO)

La psicoterapia es el término que se da a todos los tratamientos para las condiciones de salud mental que implican hablar con un profesional de salud mental. En este tipo de tratamiento, se alienta a las personas a hablar sobre sus sentimientos y su situación de vida para obtener una comprensión de su situación. En la mayoría de los casos, las primeras sesiones se dedican a obtener información sobre la vida de la persona y las preocupaciones que tiene. Basándose en sus discusiones, el terapeuta desarrolla un plan de tratamiento para satisfacer las necesidades de la persona. Dependiendo del diagnóstico, los medicamentos también pueden ser parte del plan de tratamiento.

En el núcleo de la psicoterapia está la relación entre la persona y el profesional de salud mental. Este es un factor importante en la eficacia del tratamiento.

Cuando estaba entrenando por primera vez para ser psicóloga clínica, vi a mi profesor realizar psicoterapia y comenté que parecía que sólo estaba hablando. Sonrió, me dio las gracias y agregó que cuando eres realmente bueno en psicoterapia, parece una conversación regular. En las décadas que he visto individuos, parejas y familias, he llegado a apreciar esa sabiduría.

La psicoterapia es un trabajo duro tanto para el profesional de salud mental como para la persona en terapia. El profesional de salud mental necesita escuchar, procesar y responder instantáneamente a lo que se está diciendo. La persona tiene que ser honesta, estar dispuesta a discutir temas difíciles, ser vulnerable, escuchar y usar lo que él o ella discute para tomar las medidas necesarias en su vida. La psicoterapia no se trata de tener una sesión de una hora y sentirse bien después. Se trata del trabajo que se realiza cuando no está en la sesión.

¿Útil? Sí. Existen diferentes tipos de psicoterapia que son eficaces para problemas específicos. Tanto la terapia cognitivo-conductual como la TIP han funcionado bien con personas que son diagnosticadas con depresión.

¿Preocupaciones? Es esencial que una persona sea tan honesta como puede ser cuando habla con su profesional de salud mental.

SUPLEMENTOS

Suplementos dietéticos son productos vitamínicos y minerales, productos botánicos o herbales, productos de aminoácidos, o suplementos enzimáticos que se pueden comprar sin receta. Los suplementos no están destinados a tratar, diagnosticar, curar o aliviar los efectos de las enfermedades. Usted debe hablar con su profesional de la salud *antes* de usar cualquier suplemento dietético, especialmente si usted está tomando otros medicamentos.

Actualmente, la ley federal no requiere que los suplementos dietéticos estén aprobados por la FDA. Esté pendiente que tenga la marca verificada USP, como se muestra aquí. Esta marca indica que el producto (1) contiene los ingredientes enumerados en la etiqueta en la potencia y las cantidades declaradas, (2) no contiene niveles nocivos de contaminantes especificados, (3) se ha hecho de acuerdo con las Buenas Prácticas de Manufactura actuales de la FDA utilizando procedimientos sanitarios y bien controlados, y (4) se deshará y liberará en el cuerpo dentro de una cantidad de tiempo especificada.

La información sobre el uso de suplementos sigue evolucionando.

¿Útil? Según el NIMH y el NICCIH, varios productos naturales vendidos como suplementos dietéticos, incluyendo hierba de San Juan (*Hypericum perforatum*), ácido graso omega-3, inositol, y S-adenosilmetionina (SAMe), permanecen en estudio, pero aún no se ha demostrado seguro y eficaz para el uso rutinario.[81,82]

¿Preocupaciones? Hay serias preocupaciones acerca de cómo la hierba de Juan (*Hypericum perforatum*), un producto botánico más vendido, limita la eficacia de muchos medicamentos recetados.

TERAPIA COGNITIVA CONDUCTUAL (TCC O CBT POR SUS SIGLAS EN INGLÉS)

En este tipo de terapia, una persona aprende a pensar en hechos previamente conocidos de nuevas maneras (reestructuración cognitiva) y aplica esta nueva forma de pensar a lo que hace (comportamiento). Tanto el terapeuta como la persona participan activamente en este proceso. El terapeuta ayuda a la persona a ordenar los hechos, identificar cuándo sus pensamientos no coinciden con los hechos y cómo su comportamiento debe ser consistente con lo que ahora sabe. En algunos casos, la TCC alienta a la persona a identificar lo que está desencadenando la depresión y a hacer los cambios necesarios.

Este tipo de terapia trabaja para ayudarle a ordenar sus pensamientos para que puedas lograr las cosas que quieres hacer. También le ayuda a analizar y dejar de tener pensamientos y creencias que producen comportamientos desadaptativos e insalubres.

¿Útil? La TCC por sí sola es muy eficaz para las personas con depresión menor a moderada. Algunas personas pueden necesitar una combinación de TCC y medicamentos.

¿Preocupaciones? No. Hay mucha evidencia que apoya su eficacia contra la depresión. Para que la TCC sea efectiva, usted debe ser capaz de hablar honestamente acerca de lo que está pasando en su vida y estar dispuesto a hacer cambios.

TERAPIA DE ESTIMULACIÓN CEREBRAL

Estos son procedimientos muy graves que normalmente se reservan solo para personas con depresión mayor y grave que es muy incapacitante. Este tratamiento se dirige específicamente a personas para las que no han funcionado otros tratamientos. Hay varios tipos de terapias que caen en esta categoría en orden alfabético: estimulación cerebral profunda, estimulación del nervio vago, estimulación magnética transcraneal repetitiva, terapia de convulsiones magnéticas y, terapia electroconvulsiva (también conocida como TEC o terapia de choque). En estos tratamientos, el cerebro se estimula activando o tocando el cerebro con imanes, implantes o una corriente eléctrica, como se describe a continuación.[83]

Estimulación cerebral profunda (DBS por sus siglas en inglés)

En la DBS, los electrodos implantados en el cerebro están conectados a cables de plomo conectados a un dispositivo que se implanta en el pecho. Este procedimiento implica cirugía cerebral y tiene todos sus riesgos asociados. Inicialmente fue desarrollado como un medio para controlar los temblores y movimientos incontrolables que caracterizan a las personas con la enfermedad de Parkinson. Según el NIMH, "... su uso en la depresión sigue siendo sólo de forma experimental".

Estimulación del nervio vago (ENV o VNS por sus siglas en inglés)

El nervio vago transporta señales y mensajes de la parte del cerebro que controla el estado de ánimo, el sueño y otras funciones al corazón, los pulmones, el hígado y el estómago. En la ENV, una persona se somete a una cirugía para tener un dispositivo similar a un marcapasos implantado debajo de la piel en la parte superior izquierda del pecho. Un cable se guía debajo de la piel desde el dispositivo hasta el nervio vago. El dispositivo está programado para enviar impulsos eléctricos a través del nervio vago izquierdo en un horario establecido. Aunque esto fue desarrollado como un tratamiento para la epilepsia en 2005, la FDA aprobó su uso para la depresión mayor bajo las siguientes condiciones específicas, de la siguiente manera:

- si el paciente tiene 18 años o más; y
- si la enfermedad ha durado dos años o más; y
- si es grave o recurrente; y
- si la depresión no se ha aliviado después de probar al menos otros cuatro tratamientos.

Los hallazgos sobre este tipo de tratamiento son mixtos. Los mejores resultados fueron en un estudio de 2013 que encontró que el 32% de las personas deprimidas respondieron a la ENV y el 14% tuvo remisión completa de los síntomas después de haber sido tratadas durante casi dos años.[84]

Según el NIMH, "la ENV sólo debe ser prescrito y monitoreado por médicos que tienen capacitación específica y experiencia en el manejo de la depresión resistente al tratamiento y el uso de este dispositivo."

Estimulación magnética transcraneal repetitiva (EMTr o rTMS por sus siglas en inglés)

En este procedimiento, se utiliza un imán para activar un sitio específico en el cerebro. Mientras que una región particular del cerebro puede ser dirigida a minimizar cualquier otro impacto en el cerebro, opiniones difieren en cuanto a qué ubicación es el sitio óptimo. Una bobina electromagnética se mantiene contra la frente cerca de un área del cerebro que se cree que está involucrado en la regulación del estado de ánimo. El tratamiento dura de 30 a 60 minutos y no requiere anestesia.

La FDA permitió la comercialización de EMTr como tratamiento para la depresión mayor en 2008, el tratamiento del dolor asociado con ciertos dolores de cabeza por migraña en 2013, y trastornos obsesivo-compulsivos (TOC) en 2018.[85]

Terapia de convulsiones magnéticas (TCM o MST por sus siglas en inglés)

Este procedimiento, que requiere anestesia general, utiliza un pulso magnético muy fuerte en un área específica del cerebro para inducir una convulsión. La mejor investigación disponible sugiere que entre el 30 y el 40% de las personas con depresión mayor o trastorno bipolar experimentaron remisión después del TCM.[86]

Terapia electroconvulsiva (TEC o ECT por sus siglas en inglés)

Según el Instituto Nacional de Salud Mental, "este tipo de terapia generalmente se considera sólo si la enfermedad de un paciente no ha mejorado después de que se prueban otros tratamientos (como medicamentos antidepresivos o psicoterapia), o en casos donde se necesita una respuesta rápida (como en el caso de riesgo de suicidio y catatonia, por ejemplo)."

Durante el procedimiento, la persona es sedada con anestesia general y se le da un relajante muscular para que no se mueva en el proceso. Los electrodos se colocan en lugares precisos de la cabeza. Varias ráfagas cortas de electricidad se dirigen a los electrodos para inducir una convulsión cerebral que dura menos de un minuto. Las personas sometidas a TEC no sienten ni dolor ni los impulsos eléctricos debido a la sedación y los relajantes que recibieron. Después de unos 10 minutos, la persona se despierta y se sentirá mejor a medida que la anestesia desaparezca. Es típico que después de una hora, la persona esté alerta y pueda reanudar sus actividades. En la mayoría de los casos, las personas se someten a este tratamiento tres veces por semana durante un máximo de 12 sesiones para levantar la depresión. En este procedimiento, la corriente eléctrica causa cambios en la química del cerebro que se cree que estabilizan la depresión.

¿Útil? Depende. Algunos de estos tratamientos han beneficiado a las personas con depresión difícil de tratar.

¿Preocupaciones? Efectos a largo plazo todavía están bajo investigación. Dada la invasividad de algunos de estos procedimientos, los problemas encontrados son los que surgen de la anestesia general, cirugía mayor e implantes. Hay una cantidad considerable de investigación que debe hacerse para entender cómo funcionan, así como los efectos a largo plazo. Por ejemplo, con ETMr, la ubicación exacta para dirigir la estimulación electromagnética todavía está en discusión. Y aunque ha habido mucho progreso en la entrega de TEC desde 1938, cuando se introdujo por primera vez, todavía hay controversia en torno a la forma en que funciona y sus efectos en la memoria.

TERAPIA DE LUZ

La fototerapia también se conoce como fototerapia brillante. Sabemos que cuando la luz llega al cerebro puede alterar los centros cerebrales que regulan el tiempo circadiano (reloj corporal), el sueño y el estado de ánimo. Las propiedades específicas de la luz, como la intensidad, la longitud de onda y la sincronización, son clave para comprender las diferencias individuales en la sensibilidad a la luz.

En este tipo de terapia, una persona está expuesta a una caja de luz que emite luz artificial durante un lapso específico de tiempo por la mañana, generalmente cuando todavía está bastante oscuro al aire libre. La luz producida está en todo el espectro con la intención de reemplazar la luz solar disminuida de los meses de otoño e invierno y debe estar diseñada para filtrar la luz ultravioleta (UV) dañina.

Tiene que sentarse junto a la caja de luz mientras lee, escribe o come. La caja de luz debe estar de aproximadamente 16 a 24 pulgadas (41 a 61 centímetros) de su cara. No debe mirar directamente a la luz. El tiempo que tiene que sentarse es una función de la cantidad de luz que proviene de la caja de luz. Una iluminación de 10.000 lux puede requerir solo 30 minutos de exposición, mientras que una de 2.500 lux puede requerir dos horas. Estas cajas están disponibles para su compra en línea y en las farmacias locales.

¿Útil? Desde la década de 1980, esto se ha documentado para ser un tratamiento eficaz para las personas con trastorno afectivo estacional (TAE). La evidencia reciente del primer estudio de estudios sobre la eficacia de la terapia lumínica encontró que era eficaz para el tratamiento de la depresión.[87]

¿Preocupaciones? La persona tiene que comprometerse a exponerse a la cantidad de luz en un horario regular.

TERAPIA INTERPERSONAL (TIP O IPT POR SUS SIGLAS EN INGLÉS)

Este tratamiento se basa en la creencia de que las interacciones de uno con los demás juegan un papel importante en la depresión. Esta terapia trabaja para mejorar la comunicación y la forma en que las personas se relacionan entre sí. Está menos centrado en los pensamientos y pone más énfasis en las relaciones y la dinámica interpersonal.

Este tratamiento se considera a corto plazo porque tiene lugar en sesiones semanales de una hora de 12 a 16 que se centran en uno o dos problemas. Es una intervención altamente estructurada con tres fases: un comienzo (de una a tres sesiones), medio y final (tres sesiones). Una vez que una persona es diagnosticada con depresión, el problema está relacionado con una de las cuatro áreas: duelo, estancamiento en una relación, pasar por una transición importante de la vida (divorcio o jubilación), o tener comportamientos interpersonales negativos. Las sesiones con un profesional de salud mental implican hablar sobre lo que está pasando en su vida actual y desarrollar habilidades y estrategias para mejorar su situación de vida. Por ejemplo, si su relación está en un punto de *impasse*, primero tiene la tarea de decidir si terminarla o no. Una vez tomada esa decisión, las sesiones posteriores se centran en las acciones que puede tomar para mover la relación en la dirección correcta. Si la depresión es en respuesta a la muerte de un ser querido, las sesiones iniciales se centran en permitir que la persona se aflija, mientras que las sesiones posteriores abordan cómo introducir nuevas actividades y relaciones en la vida del doliente para aliviar su pérdida.

A veces, el terapeuta trabajará para identificar los eventos desencadenantes dolorosos del pasado antes de guiar a la persona para que pueda expresar sus emociones persistentes de una manera saludable. Las relaciones deficientes del pasado se analizan identificando el pensamiento distorsionado que condujo a esos problemas para que una persona pueda obtener una visión más objetiva de sus relaciones actuales.

¿Útil? La TIP. se utiliza generalmente para tratar la depresión y se ha demostrado que es eficaz.[88] Esta eficacia incluyó una intervención telefónica para la depresión posparto.[89]

¿Preocupaciones? Algunos profesionales consideran que la TIP es demasiado limitada en su duración y su enfoque. Según la Sociedad Internacional de Psicoterapia Interpersonal, "aborda los problemas interpersonales de la depresión con exclusión de todos los demás focos de atención clínica".

TERAPIA PSICOANALÍTICA

Este puede ser el tipo más conocido de terapia, pero es el menos utilizado hoy en día como tratamiento para enfermedades mentales o problemas de salud mental. Este tipo de tratamiento, también conocido como psicoanálisis, se basa en el trabajo de Sigmund Freud. Las sesiones implican hablar sobre cómo la mente inconsciente influye en lo que la gente está experimentando hoy en día. También se dedica un tiempo y un esfuerzo considerable para descubrir cómo las experiencias de la infancia contribuyen a los problemas actuales. Como parte del tratamiento, el terapeuta puede utilizar técnicas como la asociación libre, la interpretación de sueños y el juego de roles. Por lo general, el tratamiento requiere sesiones al menos una vez a la semana durante varios años.

¿Útil? Estudios comparativos han documentado que el psicoanálisis no es más eficaz que un placebo.

¿Preocupaciones? El costo a largo plazo del psicoanálisis, así como la forma intensiva de tratamiento involucrado en este enfoque, pueden hacerlo menos atractivo para la mayoría de las personas.

TERAPIA PSICODINÁMICA

Aunque esta terapia se basó originalmente en las teorías de Sigmund Freud, ha cambiado su enfoque a lo largo de los años hacia ayudar a las personas a adquirir una mayor autoconciencia y comprensión de sus propias acciones. Algunos terapeutas psicodinámicos utilizan un enfoque combinado, o ecléctico, para el tratamiento que incluye otra terapia más orientada al comportamiento. Es a la vez más corta en duración y menos intensa que la terapia psicoanalítica y requiere la participación activa del terapeuta.

¿Útil? Todo depende de la habilidad de su terapeuta.

¿Preocupaciones? Según el Instituto Nacional de Salud Mental (NIMH), la investigación sobre la eficacia de este tipo de terapia ha obtenido resultados mixtos.

RECURSOS Y HERRAMIENTAS

Si tiene preguntas sobre la depresión, llame a la Línea Nacional de Ayuda de Salud para la Familia Hispana al 866-783-2645 o al 866-SU-FAMILIA. Los asesores de promoción de la salud están disponibles para responder a sus preguntas en inglés y español y para ayudarle a encontrar servicios locales. Puede llamar de lunes a viernes, de 9 a.m. a 6 p.m. hora del este.

SITIOS WEB Y LÍNEAS DE AYUDA

Sitios web no comerciales

Alianza Nacional para la Salud Hispana	nuestrasalud.org
National Alliance for Hispanic Health	healthyamericas.org
Instituto Nacional de Salud Mental (NIMH)	nimh.nih.gov
Instituto Nacional de Trastornos Neurológicos y Accidentes Cerebrovasculares	ninds.nih.gov
Biblioteca Nacional de Medicina (NLM): MedlinePlus	nlm.nih.gov
Centro Nacional de Salud Complementaria e Integrativa	nccih.nih.gov

LÍNEAS DIRECTAS DE CRISIS 24/7

Línea de Vida Nacional para la Prevención del Suicidio
1-888-628-9454 o en inglés 1-800-273-TALK (8255)

Conecta a las personas que llaman al centro de crisis más cercano en su red de centros que proporcionan asesoramiento sobre crisis y referencias de salud mental.

Línea de texto de crisis: Texto "HELLO" al 741741
Conecta a las personas que llaman con un consejero de crisis que puede proporcionar apoyo e información.

Línea de Crisis de Veteranos 1-800-273-TALK (8255) y presione 1 o texto al 838255
Este servicio está disponible para todos los veteranos, incluso si no están registrados en el VA o están inscritos en la atención médica del VA.

Línea de ayuda para desastres: 1-800-985-5990 o texto "TalkWithUs" al 66746

La línea de ayuda para la angustia por desastres proporciona asesoramiento inmediato sobre crisis para las personas que están experimentando angustia emocional relacionada con cualquier desastre natural o causado por el hombre.

CÓMO SELECCIONAR A UN PROFESIONAL DE LA SALUD MENTAL

Cuando decida buscar apoyo, comience hablando con su proveedor de atención médica para descartar cualquier condición física. Su proveedor de atención médica primaria (PCP por sus siglas en inglés) puede ser un médico, un profesional de enfermería o un asistente médico. Estas son algunas preguntas que usted puede hacerle a su proveedor de atención médica para entender mejor sus opciones.

Asegúrese de anotar las respuestas. Está claro que cuando estamos con nuestros proveedores de atención médica, nuestra memoria no está en su mejor momento. Si no puede escribir la información necesaria usted mismo, pida a alguien que vaya con usted cuando tenga la conversación con su proveedor de atención médica y tome notas para usted.

Preguntas sobre sus opciones

1. ¿Cree que estoy deprimido?
2. Debería ver a un profesional de salud mental?

3. ¿Tiene alguna recomendación de un profesional de salud mental?
4. ¿Hay algo más que deba hacer?
5. ¿Hay algún medicamento que pueda tomar?
6. ¿Cuáles son los efectos secundarios de este medicamento?
7. ¿Cuánto tiempo tendré que tomar este medicamento?
8. ¿Hay alguna alternativa a tomar medicamentos?
9. ¿Tiene alguna otra recomendación?

Hay muchos tipos diferentes de profesionales de la salud mental. Algunos tienen licencia con requisitos específicos que varían según el estado, y algunos no tienen licencia. Estos son algunos de los principales tipos de profesionales de la salud mental con una breve descripción de su formación y lo que pueden hacer. El tipo de psicoterapia que proporcionan los profesionales de la salud mental se basa en el enfoque que eligen seguir. La siguiente lista está en orden alfabético.

1. *Los consejeros profesionales con licencia* obtienen una maestría (MA) en psicología, consejería o una disciplina similar y por lo general tienen al menos dos años de experiencia de posgrado. Pueden proporcionar servicios que incluyen diagnóstico y consejería (individual, familiar/grupo o ambos).

2. *Las enfermeras psiquiátricas/de salud mental* pueden tener títulos que van desde el nivel de asociado a nivel de doctorado (DNSc, DSN, PhD). Dependiendo de su educación y licencias, proporcionan una amplia gama de servicios, incluyendo evaluación, manejo

de casos y psicoterapia. En ciertos estados, algunas enfermeras psiquiátricas pueden recetar y controlar los medicamentos.

3. *Los psicólogos* incluyen personas que tienen una maestría (MA o MS) en psicología; un doctorado (PhD) en psicología clínica, de asesoramiento o de investigación; un doctorado en psicología que se centra en el trabajo aplicado (PsyD); o un doctorado en educación (EdD). La mayoría de los estados tienen requisitos de licencia para que las personas practiquen la psicología; requieren que los psicólogos aprueben exámenes nacionales y estatales. Un psicólogo tiene licencia para administrar pruebas psicológicas, realizar evaluaciones y proporcionar psicoterapia. Los psicólogos pueden recetar y monitorear medicamentos en Iowa, Idaho, Illinois, Luisiana y Nuevo México, así como en el Servicio de Salud Pública, el Servicio de Salud para los Nativos Americanos, el ejército de los Estados Unidos y Guam.

4. *Los psicofarmacéuticos* suelen ser psiquiatras que se especializan en el uso de drogas psiquiátricas para controlar los trastornos mentales.

5. *Los psiquiatras* son médicos que tienen un título de MD u OD y tienen al menos cuatro años más de estudio especializado y capacitación en psiquiatría. Los psiquiatras tienen derecho como médicos para ejercer la medicina por los estados individuales. Los psiquiatras

"certificados por la Junta" han aprobado el examen nacional administrado por la Junta Americana de Psiquiatría y Neurología. Los psiquiatras proporcionan evaluaciones médicas y psiquiátricas, ofrecen psicoterapia y prescriben y monitorean medicamentos.

6. *Los trabajadores sociales* pueden tener una licenciatura, una maestría (MSW) o un doctorado (DSW o PhD). La mayoría de los estados otorgan licencias a los trabajadores sociales después de que aprueben un examen para obtener una licencia para practicar el trabajo social (LCSW). Los trabajadores sociales proporcionan diversos servicios, incluyendo la gestión de casos, la planificación del alta hospitalaria y la psicoterapia.

Cuando dé el paso para ver a un profesional de salud mental, pida recomendaciones a su proveedor de atención médica y a las personas en las que confía. Su elección final se basará en lo bien que ustedes dos se comuniquen entre sí, así como en la asequibilidad de los servicios.

Antes de hacer una cita, llame a la oficina y obtenga información básica sobre la persona y la práctica. Específicamente:

Licencia. Asegúrese de conocer el tipo de profesional de salud mental al que está consultando y que tiene licencia. Si una persona tiene licencia, completó los requisitos educativos de una institución acreditada, cumplió con los estándares de su estado para la profesión, acordó seguir y ser mantenido a un código de conducta ética, y obtiene créditos de educación continua de manera constante. Aunque las licencias requeridas varían según el estado, recomiendo encarecidamente que, cuando usted esté buscando un profesional de salud mental, ella o él deben ser licenciados. Es preocupante que en la mayoría de los estados, cualquier persona puede afirmar ser un psicoterapeuta o terapeuta o consejero sin tener ningún tipo de formación formal o licencia estandarizada.

Idioma. Asegúrese de que la persona hable su idioma. Esto no significa que pueda elegir a alguien solo porque tenga un apellido familiar. Si está buscando un profesional de salud mental específico del idioma, asegúrese de pedir esta opción antes de programar una visita.

Horas de Operación. Sus horas deben coincidir con su disponibilidad en función de su flexibilidad durante el día.

Honorarios. Necesita saber lo que costará para la primera visita y para futuras sesiones. Algunos proveedores trabajan en una escala que se basa en sus ingresos. En otras prácticas, la tarifa por la primera visita puede ser eximida y la sesión puede ser más corta que la sesión típica de 45 a 50 minutos. También es bueno saber acerca de cualquiera de los siguientes que pueden ser importantes para usted:

1. ¿Qué tipo de seguro se acepta? ¿Medicare? ¿Medicaid?
2. ¿La práctica acepta la facturación directa o el pago de su compañía de seguros?
3. ¿Existe una política de tarifas a escala móvil?
4. ¿La práctica acepta tarjetas de crédito?
5. ¿Están incluidas las visitas telesalud?

Durante su primera visita, su interacción con la persona debe hacer que usted sienta que lo valoran a usted y a su cultura. Usted debe preguntar sobre el éxito de la persona con problemas similares, así como cuánto tiempo las personas que fueron tratadas con éxito tuvieron que permanecer en la terapia.

Lo más importante es que sea consciente de lo bien que la persona escucha lo que tiene que decir. En la mayoría de los tipos de psicoterapia, la relación que tiene con su profesional de salud mental será clave para su progreso. Su capacidad para sentirse cómodo con él o ella es esencial. Si siente que no puede revelar sus sentimientos o experiencias con él o ella, entonces debería ver a otra persona.

TELESALUD

El artículo reciente de Lori Gottlieb "La sorprendente intimidad de las sesiones de terapia en línea"[90] que documenta el Washington Post en donde estamos en un nuevo comienzo. Estamos aprovechando los beneficios de la teleterapia y la atención virtual manteniendo el valor central de la conexión humana.

El COVID-19 abrió la puerta a la amplia aceptación de la telesalud, ya que las personas necesitaban conectarse con su proveedor de atención médica mientras se quedaban simultáneamente en casa. Los números explosivos de Partners Healthcare cuentan la historia del auge de la telesalud en Massachusetts. En 2020, las televisitas para Partners in Healthcare aumentaron de 1.600 visitas en febrero a 89.000 en marzo a 242.000 en abril.[91] La demanda era enorme, ya que las televisitas permitían a las personas que se estaban enfermando ver a un proveedor de atención médica desde la comodidad de su hogar.

La demanda de servicios de salud era constante, pero tenía que proporcionarse fuera de la visita al consultorio habitual. Esta demanda puso cohetes de refuerzo en la implementación de la Priorización de la Implementación de Telesalud para Obstetra-Ginecólogos que el Colegio Americano de Obstetricia y Ginecología había lanzado en enero de 2020. También hizo que la Fundación de Médicos, la Asociación Médica Americana, la Asociación Médica de Florida, la Sociedad Médica de Massachusetts y la Asociación Médica de Texas lanzaran en conjunto la Iniciativa de Telesalud en marzo. Esto fue antes de lo que se planeó originalmente, ya que los médicos necesitaban orientación y ayuda para implementar los servicios de telesalud. Poco después, la Asociación Médica Estadounidense (AMA por sus siglas en inglés) puso a cabo su serie de libros de prácticas de implementación de salud digital de 128 páginas. Alrededor de la misma época, la Academia Estadounidense de Pediatría publicó su guía. El NIMH también indicó que "si bien la frontera tecnológica ofrece oportunidades prometedoras para la atención de salud mental, queda mucho trabajo para abordar cuestiones sobre eficacia y eficiencia, regulación y privacidad".[92] Había llegado el momento de la telesalud.

La comunidad de salud mental ya se había estado moviendo en esta dirección y fue ayudada por Michael Phelps, el nadador estadounidense y olímpico más condecorado de todos los tiempos, con un total de 28 medallas. Las luchas de Phelps con la depresión lo llevaron a convertirse en un defensor de la salud mental. Su objetivo era reducir el estigma que impide a las personas hablar de su condición y buscar ayuda. Basándose en su éxito y los cambios que experimentó en la terapia en 2018, se convirtió en portavoz de Talkspace.

Talkspace se describe a sí mismo como "... la forma más conveniente y asequible de conectarse con un terapeuta con licencia, todo desde la privacidad de su dispositivo. Envíe mensajes de texto, audio, imagen y video a su terapeuta en cualquier momento, y responderán diariamente, 5 veces por semana. Si está buscando la experiencia de terapia "cara a cara", también ofrecemos sesiones de video en vivo para que usted y su terapeuta puedan planear conectarse en tiempo real". Este fue un gran cambio para la prestación de servicios de salud mental.

En 2020, las visitas de salud mental se convirtieron cada vez más en línea cuando el Localizador de Psicólogos de APA agregó un filtro de telesalud. Cada persona podría obtener algún nivel de tratamiento cuando y donde lo quería. Y dado que muchas de estas opciones se desarrollaron para satisfacer la necesidad de las personas de quedarse en casa, la atención médica se volvió mucho más accesible para los demás.

Dejaron salir al genio de la botella y no iba a volver. La telesalud ya no estaba disponible sólo para aquellos con servicios de conserjería o para aquellos que estaban en el otro extremo y no tenían otra manera de acceder a la atención médica. La telesalud había sido diseñada ahora para encontrarse con la persona cuando y donde estuvieran.

Con la telesalud, muchas más personas ahora podrán acceder a la atención que necesitan. Dada su situación, esta puede ser una manera para que usted acceda a la atención que necesita.

DESDE MI CORAZÓN HACIA EL SUYO

Escribí este libro porque no quiero que nadie sufra innecesariamente. No importa si usted está lidiando con su propia depresión o la de otra persona. Lo que importa es la acción que tome. Y hacer algo diferente es difícil, incluso cuando es algo que quiere hacer.

Hay muchas personas que han soportado la vida con depresión continua, y sus historias están en este libro. A menudo creían que la vida se supone que es miserable. Con demasiada frecuencia, la gente aceptaba ser abatida o melancólica como forma de vida. Como resultado, fueron tomados como rehenes de una vida de tristeza. La depresión los inmovilizó por completo, y aceptaron que la vida no podía mejorar. La propia naturaleza de la depresión creó barreras para tomar las medidas necesarias para mejorar.

Para avanzar, comience reconociendo lo que realmente es la depresión. Si lo que está experimentando está limitando su vida, entonces necesita tomar alguna acción. Esto a menudo requiere que haga algo nuevo. Puede ser increíblemente difícil tomar nuevas acciones cuando ha caído en un patrón de ignorar, ocultar, negar o simplemente vivir con su tristeza.

Cuando la depresión toma el control, hacer algo en absoluto es un reto. El cambio crea inquietud y es inquietante porque encontramos consuelo en lo familiar. Se siente más seguro seguir con los viejos hábitos, por lo que es fácil volver a deslizarse en hacer nada. Sin embargo, si decide no hacer nada, el sufrimiento y la infelicidad seguirán invadiendo y apoderándose de su vida.

Con este libro, mi objetivo ha sido proporcionarle suficiente información para que pueda elegir lo que será capaz de hacer. Con el fin de salvarse de las garras de la depresión, es necesario recordar lo que significa abrazar lo bueno, abstenerse de lo tóxico, y disfrutar de las olas. Esas tres auto-declaraciones están destinadas a servir como boyas mentales para evitar que se hunda aún más en la depresión y, en su lugar, le guíen a la superficie. Cuando necesita más apoyo, hay diferentes tipos de profesionales de la salud mental y una variedad de opciones de tratamiento para que lo considere.

Espero que al entender la depresión y las acciones que puede tomar contra ella, esculpa nuevos caminos para usted mismo. No se trata de hacer una nueva lista de tareas pendientes y ver cuántas casillas puede marcar como completadas. Se trata de tomar la vida paso a paso y redescubrirse a sí mismo. Este es un llamado a la acción para su cuerpo, mente y espíritu.

AGRADECIMIENTOS

Mi querido amigo Bill Bogan dijo una vez que para escribir un libro, este tiene que estar en una persona. Este libro estaba en mí. Fue escrito durante las primeras 12 semanas del encierro COVID-19 en Washington, DC, mientras presencié la agitación emocional de quienes me rodearon.

Aunque algunos estaban tecnológicamente preparados para trabajar remotamente, era obvio que la agitación en nuestras vidas estaba afectando emocionalmente a muchos de nosotros. Durante ese tiempo, mi amado esposo Mark siempre estaba encontrando nuevas maneras de traerme risas incluso en medio de una pandemia. Diego, parte de nuestra familia extendida, quien dejó la ciudad de Nueva York y vino a vivir con nosotros durante 13 semanas, trajo la exuberancia a nuestros días de encierro. Como todos los demás, nos instalamos en un nuevo patrón para nuestra vida diaria. Escribir este libro llenó mis nuevas horas no conmutadas y horas tarde en la noche.

La urgencia de terminar este libro y llegar a la gente era palpable. En una pista muy rápida Keith Hollaman fue una vez más mi editor, Jade K. Meyer proporcionó comentarios y ediciones perspicaces, la Dra. Phyllis R. Freeman (Profesora Emérita, SUNY New Paltz, e Investigadora Principal, Hudson Valley Healing Arts Center, Hyde Park, NY) ofreció extensos comentarios, y Adolph Falcón como siempre fue enormemente perspicaz y alentador en el camino.

La realidad es que este libro, así como todo lo que hago, no sería posible sin el amor y el apoyo de las personas que definen mi vida. Mi madre Lucy Delgado me enseñó que los actos más importantes son los que haces por los demás. Ella inspira todo lo que soy y lo que hago. Un día no pasa cuando no escucho sus palabras de aliento.

Para ayudar a dar vida a este libro confié como siempre en el amor de mi familia extendida (Adolph, Bill, Cynthia, Esther, Ileana, Juan, Kevin, Larry, Marti, Priscilla, Roy y Tomasito) y aquellos que añaden sus vidas únicas y riqueza emocional a mi vida (Amanda, que es un recordatorio de que no importa lo que pase, la vida es buena; Gail, que es una inspiración en más de lo que uno podría imaginar; George, con los muchos matices de su vida; Gladys, que me da esperanza para el futuro; Hanmin y Jennifer, que viven lo que es verdaderamente importante; y Sheila y Myrna, que evidencian que el amor es la clave de una vida feliz). Carolina, Diane, Erhard, Laurie, Lourdes, Myra, Polly, Steinar y Sylvia han añadido una profundidad a mi vida debido a las décadas que nos conocemos. Y, por supuesto, hay quienes viven para siempre en mi memoria y corazón: Deborah R. Helvarg, Robert J. Presbie, Margaret M. Heckler, Henrietta Villaescusa y Monseñor Thomas M. Duffy.

También quiero agradecer a la junta directiva y al personal dedicado de la Alianza Nacional para la Salud Hispana y la

Fundación Américas Saludables por su apoyo y compromiso con el trabajo que hacemos.

Todas estas personas y muchas más hicieron posible este libro . . . y debido a todos nuestros esfuerzos el trabajo continuará. Mi más profundo agradecimiento y gratitud a todos.

NOTAS FINALES

1   Fitzpatrick, KM; Harris, C; and Drawve, G, "Fear of COVID-19 and the mental health consequences in America," *Psychological Trauma: Theory, Research, Practice, and Policy* (2020), publicado en línea, https://doi.org/10.1037/tra0000924.

2   Neria Y; Nandi A; and Galea S, "Post-traumatic stress disorder following disasters: a systematic review," *Psychology Medicine* 38, no. 4 (2008): 467–480, doi:10.1017/S0033291707001353.

3   Preston, SD, "The rewarding nature of social contact," *Science*, 357, no. 6358 (September 29, 2017): 1353-54.

4   Nuñez, A; González, P; Talavera, GA; Sanchez-Johnsen, L; Roesch, SC; Davis, SM; Arguelles, W; Womack, VY; Ostrovsky, NW; Ojeda, L; Penedo, FJ; and Gallo, LC, "Machismo, marianismo, and negative cognitive-emotional factors: Findings from the Hispanic Community Health Study/Study of Latinos Sociocultural Ancillary Study," *Journal of Latina/o Psychology 4*, no. 4 (2016): 202–217, https://doi.org/10.1037/lat0000050.

5   Eghaneyan, BH & Murphy, ER, "Measuring mental illness stigma among Hispanics: A systematic review," *Stigma and Health* (2019), publicado en línea https://doi.org/10.1037/sah0000207.

6   Pratt, LA & Brody, DJ, "Depression in the U.S. Household Population, 2009–2012," *NCHS Data Brief*, no.172, diciembre 2014.

7   Peterson, S & Seligman, MEP, *Character Strengths and Virtues: A Handbook and Classification*, Nueva York: Oxford University Press, 2004.

8   "Depression," Instituto Nacional de Salud Mental, https://www.nimh. nih.gov/health/topics/depression/index.shtml.

9   Organización Mundial de la Salud, Classifications, "ICD purpose and uses." https://www.who.int/classifications/icd/en/.

10 Propuesta Aprobada por el Comité de Dirección del DSM, Asociación Americana de Psiquiatría, 6 de abril de 2020, https://www.psychiatry. org/psychiatrists/practice/dsm/proposed-changes.

11 Egede LE; Bishu KG; Walker RJ; and Dismuke CE, "Impact of diagnosed depression on healthcare costs in adults with and without diabetes: United States, 2004–2011," *Journal of Affective Disorders*, 195 (2016): 119–126, doi: 10.1016/j.jad.2016.02.011.

12 Organización Mundial de la Salud, "Depression and other common mental disorders," 2017. WHO/MSD/MER/2017.2.

13 Pratt, LA & Brody, DJ, "Depression in the U.S. Household Population, 2009–2012," *NCHS Data Brief*, no.172, diciembre 2014.

14 Instituto Nacional de Salud Mental, "Major depression among adults," www.nimh.nih.gov/health/statistics/prevalence/ major-depression-among-adults.shtml, publicado en línea, 1 de julio de 2016.

15 "Depression," Instituto Nacional de Salud Mental, https://www.nimh. nih.gov/health/topics/depression/index.shtml.

16 Gavin NI; Gaynes, BN; Lohr, KN, Meltzer-Brody, S; Gartlehner, G; & Swinson, T, "Perinatal depression: a systematic review of prevalence and incidence," *Obstetrics and Gynecology* 106 (2005): 1071–1083, DOI: 10.1097/01.AOG.0000183597.31630.db.

17 Demyttenaere, K, "What is treatment resistance in psychiatry? A 'difficult-to-treat' concept," *World Psychiatry* 18, no. 3 (Octubre, 2019): 354–355, publicado en línea el 9 de Septiembre de 2019, doi: 10.1002/ wps.20677.

18 McAllister-Williams, RH; Arango, C; Blier, P; Demyttenaere, K; Falkai, P; Gorwood, P; Hopwood, M; Javed, A; Kasper, S; Malhi, GS; Soares, JC; Vieta, E; Young, AH; Papadopoulos, A; & Rush, AJ,

"The identification, assessment and management of difficult-to-treat depression: An international consensus statement," *Journal of Affective Disorders* 267 (15 de abril de 2020): 264–282, https://doi.org/10.1016/j.jad.2020.02.023.

19 DHHS, https://www.hhs.gov/answers/mental-health-and-substance-abuse/does-depression-increase-risk-of-suicide/index.html.

20 Substance Abuse and Mental Health Services Administration, "Key substance use and mental health indicators in the United States: Results from the 2018 National Survey on Drug Use and Health," (2019): HHS Publication No. PEP19-5068, NSDUH Series H-54, Rockville, MD: Center for Behavioral Health Statistics and Quality, Substance Abuse and Mental Health Services Administration, retrieved from https://www. samhsa.gov/data/.

21 Manigault, KA, "The bidirectional relationship between depression and diabetes," *U.S. Pharmacist* 41, no.11 (2016): 26–29, https://www.uspharmacist.com/article/the-bidirectional-relationship-between-depression-and-diabetes.

22 National Heart, Lung, and Blood Institute, "Research Feature: Heart disease and depression: A two-way relationship," (16 de abril de 2017), https://www.nhlbi.nih.gov/news/2017/heart-disease-and-depression-two-way-relationship.

23 Péquignot, R; Dufouil, C; Prugger, C; Pérés, K; Artero, S; Tzourio, C; & Empana, JP, "High level of depressive symptoms at repeated study visits and risk of coronary heart disease and stroke over 10 years in older adults: The three-city study," *Journal of American Geriatric Society*, enero 19, 2016, doi:10.1111/jgs.13872.

24 Sociedad Americana del Corazón, "Is Broken Heart Syndrome Real?", https://www.heart.org/en/health-topics/cardiomyopathy/what-is-cardiomyopathy-in-adults/is-broken-heart-syndrome-real.

25 Khandaker, GM; Zuber, V; Rees, JMB; Carvalho, L; Mason, AM; Gkatzionis, A; Jones, PB; & Burgess, S, "Shared mechanisms between coronary heart disease and depression: findings from a large UK general population-based cohort," *Molecular Psychiatry*, publicado en línea en 19 de marzo de 2019, https://doi.org/10.1038/s41380-019-0395-3.

26 Dhar, AK & Barton, DA, "Depression and the link with cardiovascular disease," Frontiers in Psychiatry 7, no. 33 (2016): publicado en línea el 21 de marzo de 2016, doi: 10.3389/fpsyt.2016.00033.

27 Instituto Nacional de Salud Mental "Depression: Signs and Symptoms," https://www.nimh.nih.gov/health/topics/depression/index.shtml.

28 Shadrina, M; Bondarenko, EA; & Slominsky, PA. "Genetic factors in major depression disease," Frontiers in Psychiatry, el 23 de julio de 2018, https://doi.org/10.3389/fpsyt.2018.00334.

29 K Karg, K; Burmeister, M; & Shedden, K, "The serotonin transporter promoter variant (5-HTTLPR), stress, and depression meta-analysis revisited evidence of genetic moderation," Archives of General Psychiatry 68, no. 5 (2011): 444–454, doi:10.1001/archgenpsychiatry.2010.189.

30 Okbay, A; Baselmans, BM; [...]; and Cesarini, D, "Genetic variants associated with subjective well-being, depressive symptoms and neuroticism identified through genome-wide analyses," Nature Genetics 48, no. 6 (June 2016): 624–633. publicado en línea el 18 de abril de 2016, doi: 10.1038/ng.3552.

31 Wray, NR; Ripke, S; [...]; and the Major Depressive Disorder Working Group of the Psychiatric Genomics Consortium, "Genome-wide association analyses identify 44 risk variants and refine the genetic architecture of major depression," Nature Genetics 50, no. 5 (2018): 668–681, doi:10.1038/s41588-018-0090-3.

32 Pigoni, A; Delvecchio, G; Altamura, AC; Soares, JC; Fagnani, C; and Brambilla, P, "The role of genes and environment on brain alterations in Major Depressive Disorder: A review of twin studies: Special Section on 'Translational and Neuroscience Studies in Affective Disorders,' section editor, Maria Nobile MD, PhD, Journal of Affective Disorders, 234 (2018): 346–350, https://doi.org/10.1016/j.jad.2017.10.036.

33 NIH U.S. National Library of Medicine, Genetics Home Reference, "Your Guide to Understanding Genetic Conditions," publicado 9 de junio de 2020, https://ghr.nlm.nih.gov/condition/depression#inheritance.

34 Bickart, KC; Wright, CI; Dautoff, RJ; Dickerson, BC; & Barrett, LF, "Amygdala volume and social network size in humans," Nature Neuroscience 14 (2011): 163–164, https://doi.org/10.1038/nn.2724.

35 Von Der Heide, R; Vyas, G; & Olson, IR, "The social network-network: size is predicted by brain structure and function in the amygdala and paralimbic regions," *Social Cognitive and Affective Neuroscience* 9, no. 12 (diciembre, 2014): 1962–1972, https://doi.org/10.1093/scan/nsu009.

36 Möhler, H., "Review: The GABA system in anxiety and depression and its therapeutic potential," Neuropharmacology 62, no. 1 (enero, 2012): 42–53.

37 Acevedo, BP; Aron, A; Fisher, HE; & Brown, LL, "Neural correlates of long-term intense romantic love," *Social Cognitive and Affective Neuroscience* 7, no. 2 (febrero, 2012): 145–159, https://doi.org/10.1093/scan/nsq092.

38 Medline Plus. "Hormones," https://medlineplus.gov/hormones.html.

39 Garland, T; Jr, Zhao, M; & Saltzman, W, "Hormones and the evolution of complex traits: Insights from artificial selection on behavior. *Integrative and comparative biology, 56, no. 2* (2016): 207–224. https://doi.org/10.1093/icb/icw040

40 McQuaid, RJ; McInnis, OA; Abizaid, A; & Anisman, H, "Making room for oxytocin in understanding depression," *Neuroscience & Biobehavioral Reviews* 45 (septiembre 2014): 305–322.

41 Pennisi, E, "Meet the Psychobiome," *Science* 368, no. 6491 (8 de mayo de 2020): 570–573.

42 Marshall, M, "Roots of Mental Illness," *Nature* 581 (7 de mayo de 2020):19–21.

43 "Molly o éxtasis 3,4-*metilendioxi-metanfetamina* (MDMA) es una droga sintética que altera el estado de ánimo y la percepción (conciencia de los objetos y condiciones circundantes). Es químicamente similar a los estimulantes y alucinógenos, produciendo sentimientos de mayor energía, placer, calor emocional, y percepción sensorial y del tiempo distorsionada. MDMA fue inicialmente popular en la escena de clubes nocturnos y en las fiestas de baile durante toda la noche ('raves'), pero la droga ahora afecta a una gama más amplia de personas que más comúnmente llaman la droga éxtasis o Molly," Datos de drogas MDMA (éxtasis/Molly)," *National Institute on Drug Abuse*, Actualizado en junio 2020 https://www.drugabuse.gov/publications/drugfacts/mdma-ecstasymolly

44 La Barbera, JD; Izard, CE; Vietze, P; & Parisi, SA, "Four- and six-month-old infants' visual responses to joy, anger, and neutral expressions," *Child Development* 47 (1976): 535–538.

45 Shipley, G. & Casarez, L. The Importance of Emotional Intelligence and Servant Leadership Working in Concert to Promote Social Responsibility. In J. Dron & S. Mishra (Eds.), *Proceedings of E-Learn: World Conference on E-Learning in Corporate, Government, Healthcare, and Higher Education* (2017): 735-740. Vancouver, British Columbia, Canada: Association for the Advancement of Computing in Education (AACE). Recuperado el 23 de junio de 2020 de: https://www.learntechlib.org/primary/p/181253/.

46 Drigas, AS & Papoutsi, C, "A new layered model on emotional intelligence," Behavioral Science (Basel) 8, no. 5 (May 2018): publicado en línea el 2 de mayo de 2018, doi:10.3390/bs8050045.

47 *Bitbrain.* 29 de marzo de 2019 https://www.bitbrain.com/blog/difference-feelings-emotions.

48 Orth, U; Berking, M; and Burkhardt, S. "Self-conscious emotions and depression: Rumination explains why shame but not guilt is maladaptive," *Personality and Social Psychology Bulletin* 32, no.12 (diciembre 2006): 1608-1619, DOI: 10.1177/0146167206292958.

49 Engert V; Grant JA; & Strauss B, "Psychosocial factors in disease and treatment—A call for the biopsychosocial model," *JAMA Psychiatry,* publicado en línea, 3 de junio de 2020, doi:10.1001/jamapsychiatry.2020.0364.

50 Rosenthal, SA; Hooley, JM; Montoya, RM; van der Linden, SL & Steshenko, Y, "The Narcissistic Grandiosity Scale: A measure to distinguish narcissistic grandiosity from high self-esteem," *Assessment 27, no.* 3 (2020): 487–507, https://doi.org/10.1177/1073191119858410.

51 Sowislo, JF & Orth, U, "Does low self-esteem predict depression and anxiety? A meta-analysis of longitudinal studies," *Psychological Bulletin 139, no.*1 (2013): 213–240, https://doi.org/10.1037/a0028931.

52 Bleidorn, W; Arslan, RC; Denissen, JJA; Rentfrow, PJ; Gebauer, JE; Potter, J; & Gosling, SD. "Age and gender differences in self-esteem—A cross-cultural window," *Journal of Personality and Social Psychology 111,* no.3 (2016): 396–410, https://doi.org/10.1037/pspp0000078.

53   Sarubin, N; Goerigk, S; Padberg, F; Übleis, A; Jobst, A; Erfurt, L; Schumann, C; Nadjiri, A; Dewald-Kaufmann, J; Falkai, P; Bühner, M; Naumann, F; and Hilbert, S, "Self-esteem fully mediates positive life events and depressive symptoms in a sample of 173 patients with affective disorders," *Psychology and Psychotherapy: Theory, Research and Practice 93*, no.1 (2020): 21–35, https://doi.org/10.1111/papt.12205.

54   Tratado de Hidalgo. Este tratado, firmado el 2 de febrero de 1848, puso fin a la guerra entre Estados Unidos y México. Según sus términos, México cedió el 55% de su territorio, incluyendo partes de la actual Arizona, California, Nuevo México, Texas, Colorado, Nevada y Utah, a los Estados Unidoshttps://www.ourdocuments.gov/doc. php?flash=false&doc=26.

55   La guerra hispano-estadounidense. La guerra hispano-estadounidense de 1898 puso fin al imperio colonial de España en el hemisferio occidental y aseguró la posición de los Estados Unidos como una potencia del Pacífico. La victoria de Estados Unidos en la guerra produjo un tratado de paz que obligó a los españoles a renunciar a las reclamaciones sobre Cuba, y a ceder la soberanía sobre Guam, Puerto Rico y Filipinas a los Estados Unidos. Los Estados Unidos también anexaron el estado independiente de Hawái durante el conflicto. Así, la guerra permitió a los Estados Unidos establecer su predominio en la región del Caribe y perseguir sus intereses estratégicos y económicos en Asia. https://history.state.gov/milestones/1866-1898/ spanish-american-war.

56   La compra de Luisiana incluyó la totalidad de Luisiana, Missouri, Arkansas, Iowa, Dakota del Norte, Dakota del Sur, Nebraska y Oklahoma; así como la mayoría de Kansas, Colorado, Wyoming, Montana y Minnesota, y partes de Nuevo México y Texas. https:// history.state.gov/milestones/1801-1829/louisiana-purchase.

57   Araña, M. "The long, only sometimes hidden, history of bigotry against Hispanics." *Washington Post* (11 de Agosto de 2019): B4

58   Alcántara, C; Gallo, LC; Wen, J; Dudley, KA; Wallace, DM; Mossavar-Rahmani, Y; Sotres-Alvarez, D; Zee, PC; Ramos, AR; Petrov, ME; Casement, MD; Hall, MH; Redline, S; & Patel, S. R, "Employment status and the association of sociocultural stress with sleep in the

Hispanic Community Health Study/Study of Latinos (HCHS/SOL)," *Sleep: Journal of Sleep and Sleep Disorders Research 42*, no. 4 (2019): 1–10, https://doi.org/10.1093/sleep/zsz002.

59 Allan, BA; Dexter, C; Kinsey, R; & Parker S, "Meaningful work and mental health: job satisfaction as a moderator," *Journal of Mental Health* 27, no. 1 (2018): 38-44

60 El Ghaziri, N & Darwiche, J, "Adult self-esteem and family relationships: A literature review," *Swiss Journal of Psychology 77*, no. 3 (2018): 99–115, https://doi.org/10.1024/1421-0185/a000212.

61 Lui, PP, "Intergenerational cultural conflict, mental health, and educational outcomes among Asian and Latino/a Americans: Qualitative and meta-analytic review," *Psychological Bulletin 141, no. 2* (2015): 404-446, https://doi.org/10.1037/a0038449.

62 Pham, S; Lui, PP; & Rollock, D, "Intergenerational cultural conflict, assertiveness, and adjustment among Asian Americans," *Asian American Journal of Psychology*, publicación en línea (2020), https://doi.org/10.1037/aap0000189.

63 Calzada, EJ &Sales, A, "Depression among Mexican-origin mothers: Exploring the immigrant paradox," *Cultural Diversity and Ethnic Minority Psychology* 25, no. 2 (2019): 288–298.

64 Corona, K; Senft, N; Campos, B; Chen, C; Shiota, M; and Chentsova-Dutton, YE, "Ethnic variation in gratitude and well-being," *Emotion 20, no. 3* (2020): 518–524, https://doi.org/10.1037/emo0000582.

65 Liu H & Waite, L, "Bad Marriage, Broken Heart? Age and Gender Differences in the Link between Marital Quality and Cardiovascular Risks among Older Adults," *Journal of Health and Social Behavior,* 55, no. 4 (diciembre 2014): 403–423, doi:10.1177/0022146514556893.

66 Bonelli,R; Dew, RE; Koenig, HG; Rosmarin, DH; & Vasegh, S. "Religious and spiritual factors in depression: Review and integration of the research," *Depression Research and Treatment Special Issue*, (5 de agosto de 2012), Article ID 962860 https://doi.org/10.1155/2012/962860.

67 Steffen, PR; Masters, KS; and Baldwin, S, "What mediates the relationship between religious service attendance and aspects of well-Being?. *Journal of Religion and Health*, 56, (2017): 158–170, https://doi.org/10.1007/s10943-016-0203-1

68   Moreno, O and Cardemil, E; "The role of religious attendance on mental health among Mexican populations: A contribution toward the discussion of the immigrant health paradox," *American Journal of Orthopsychiatry*, 88, no 1 (2018): 10–15. https://doi.org/10.1037/ort0000214

69   Chen, Y; Koh, HK; Kawachi, I; Botticelli, M; and VanderWeele, TJ, "Religious Service Attendance and Deaths Related to Drugs, Alcohol, and Suicide Among US Health Care Professionals," *JAMA Psychiatry*, publicado en línea el 6 de mayo de 2020, doi:10.1001/jamapsychiatry.2020.0175.

70   Hirshkowitz, M; Whiton, K; Albert, SM; […]; & Hillard, PJA. National Sleep Foundation's sleep time duration recommendations: methodology and results summary. Sleep Health. 1, no. 1 (marzo 2015): 40-43 https://doi.org/10.1016/j.sleh.2014.12.010.

71   Levy, KN; Hlay, JK; Johnson, BN; & Witmer, C, "An attachment theoretical perspective on tend-and-befriend stress reactions," *Evolutionary Psychological Science* 5, (2019): 426–439. https://doi.org/10.1007/s40806-019-00197-x.

72   Akbaraly, TN; Brunner, EJ; Ferrie, JE; Marmot, MG; Kivimaki, M; & Singh-Manoux, A, "Dietary pattern and depressive symptoms in middle age," *British Journal of Psychiatry* 195, no. 5 (noviembre 2009): 408-413.

73   Sheridan, MB, "Mexico is running dry after its beer industry is shut down," *Washington Post*, 12 de mayo de 2020.

74   Substance Abuse and Mental Health Services Administration (SAMHSA), 2018 National Survey on Drug Use and Health (NSDUH), Table 2.1B—Tobacco Product and Alcohol Use in Lifetime, Past Year, and Past Month among Persons Aged 12 or Older, by Age Group: Percentages, 2017 and 2018, https://www.samhsa.gov/data/sites/default/files/cbhsq-reports/NSDUHDetailedTabs2018R2/NSDUHDetTabsSect2pe2018.htm#tab2-1b, recuperado el 2 de diciembre de 2019.

75   National Institute on Alcohol Abuse and Alcoholism, "Alcohol's Effects on the Body," https://www.niaaa.nih.gov/alcohols-effects-health/alcohols-effects-body.

76 Rock, CA; Thomson, C; Gansler, T, et al., "American Cancer Society guideline for diet and physical activity for cancer prevention," *CA: A Cancer Journal for Clinicians*, primera publicación el 9 de junio de 2020, https://doi.org/10.3322/caac.21591.

77 Bahorik, AL; Leibowitz, A; Sterling, SA; Travis, A; Weisner, C; & Satre DD, "Patterns of marijuana use among psychiatry patients with depression and its impact on recovery," *Journal of Affective Disorders* 213 (2017): 168-171, doi:10.1016/j.jad.2017.02.016.

78 Thase, ME. "Are SNRIs more effective than SSRIs? A review of the current state of the controversy," *Psychopharmacology Bulletin* 41, no 2 (2008): 58-85.

79 Minkove, Judy F, "Esketamine: A New Approach for Patients with Treatment-Resistant Depression," *Brainwise* (FLL 2019), https://www.hopkinsmedicine.org/news/articles/esketamine-a-new-approach-fo r-patients-with-treatment-resistant-depression.

80 Dacarett-Galeano, DJ & Diao, XY, "Brexanolone: A Novel Therapeutic in the Treatment of Postpartum Depression," The American Journal of Psychiatry Residents Journal 15, no. 2 (5 de diciembre de 2019): 2–4, publicado en línea, https://doi.org/10.1176/appi.ajp-rj.2019.150201.

81 Treatment and Therapies, Instituto Nacional de Salud Mental, https://www.nimh.nih.gov/health/topics/depression/index.shtml#part_145399.

82 National Center for Complementary and Integrative Health, "Depression," febrero 2020.https://www.nccih.nih.gov/health/depression.

83 Instituto Nacional de Salud Mental, "Brain Stimulation Therapies," https://www.nimh.nih.gov/health/topics/brain-stimulation-therapies/brain-stimulation-therapies.shtml.

84 Berry SM; Broglio K; Bunker M; Jayewardene A; Olin B; & Rush AJ, "A patient-level meta-analysis of studies evaluating vagus nerve stimulation therapy for treatment-resistant depression," *Medical Devices* (Auckland, Nueva Zelanda) 6 (2013): 17–35, publicado en línea el 1 de marzo de 2013, doi: 10.2147/MDER.S41017.

85 Food and Drug Administration. FDA permits marketing of transcranial magnetic stimulation for treatment of obsessive-compulsive

disorder, press release August 17, 2018, https://www.fda.gov/news-events/press-announcements/fda-permits-marketing-transcra nial-magnetic-stimulation-treatment-obsessive-compulsive-disorder#:~:text=Transcranial percent20magnetic percent20stimulation percent20(TMS) percent20is,certain percent20migraine percent20headaches percent20in percent202013.

86 Cretas, E; Brunini, AR; and Lafer, B, "Magnetic Seizure Therapy for Unipolar and Bipolar Depression: A Systematic Review," *Neuro Plasticity Special Issue* 2015, Article ID 521398, htpps//doi.org/10.1155/2015/521398.

87 Humpston, C; Benedetti, F; Serfaty, M; Markham, S; Hodsoll, J; Young, AH;, & Veale, D, "Chronotherapy for the rapid treatment of depression: A meta-analysis," *Journal of Affective Disorders 261* (2020): 91–102, https://doi.org/10.1016/j.jad.2019.09.078.

88 Fifer, KM; Small, K; Herrera, S; Liu, YD; & Peccoralo, L, "A novel approach to depression care: Efficacy of an adapted interpersonal therapy in a large, urban primary care setting," *Psychiatric Quarterly (2020),* publicado en línea el 24 de mayo de 2020, https://doi.org/10.1007/s11126-020-09750-5.

89 Dennis, CL; Grigoriadis, S; Zupancic; J; Kiss, A; & Ravitz, P. "Telephone-based nurse-delivered interpersonal psychotherapy for postpartum depression: Nationwide randomised controlled trial," *The British Journal of Psychiatry (2020),* un avance publicado en línea, https://doi.org/10.1192/bjp.2019.275.

90 Gottlieb, L. "The surprising intimacy of en línea therapy sessions," *Washington Post, 19 de mayo de 2020,* A23.

91 Kritz, F. "Televisits may be here to stay for doctors, patients," *Washington Post, 19 de mayo de 2020,* E1E5.

92 "NIMH 2020 Strategic Plan, "Instituto Nacional de Salud Mental, https://www.nimh.nih.gov/about/strategic planning-reports/index.shtml.

ÍNDICE

www.ingramcontent.com/pod-product-compliance
Lightning Source LLC
Chambersburg PA
CBHW071000040426
42443CB00007B/589